Responsabilidade socioambiental

Central de Qualidade – FGV Online
ouvidoria@fgv.br

COLEÇÃO GESTÃO SOCIOAMBIENTAL

Responsabilidade socioambiental

Haroldo Mattos de Lemos

Copyright © 2013 Haroldo Mattos de Lemos

Direitos desta edição reservados à
EDITORA FGV
Rua Jornalista Orlando Dantas, 37
22231-010 – Rio de Janeiro, RJ – Brasil
Tels.: 0800-021-7777 – 21 3799-4427
Fax: 21 3799-4430
editora@fgv.br – pedidoseditora@fgv.br
www.fgv.br/editora

Impresso no Brasil/*Printed in Brazil*

Todos os direitos reservados. A reprodução não autorizada desta publicação, no todo ou em parte, constitui violação do copyright (Lei nº 9.610/98).

Os conceitos emitidos neste livro são de inteira responsabilidade do autor.

1ª edição – 2013; 1ª reimpressão – 2014; 2ª reimpressão – 2015.

Preparação de originais: Tatiana Bernacci Sanchez
Editoração eletrônica: FGV Online
Revisão: Beatriz Sobral Monteiro, Milena Clemente de Moraes e Aleidis de Beltran
Capa: Aspectos
Imagem da capa: © Yuri Arcurs | Dreamstime.com

Lemos, Haroldo Mattos de
Responsabilidade socioambiental / Haroldo Mattos de Lemos. – Rio de Janeiro: Editora FGV, 2013.
228 p. – (Gestão socioambiental (FGV Online))

Publicações FGV Online.
Inclui autoavaliações, vocabulário e bibliografia comentada.
ISBN: 978-85-225-1316-1

1. Desenvolvimento sustentável. 2. Responsabilidade social da empresa. I. FGV Online. II. Fundação Getulio Vargas. III. Título. IV. Série.

CDD – 658.408

À minha família, pela paciência comigo em virtude das várias horas que passei em frente ao computador, na produção e revisão do conteúdo desta publicação.

SUMÁRIO

Apresentação 13

Publicações FGV Online 15

Introdução 19

Módulo I – Desenvolvimento sustentável 21
  Antecedentes 24
    Conscientização ambiental 24
    Limites do crescimento 25
    Crescimento zero 26
    Painel de Founex e ecodesenvolvimento 26
  Perspectiva 27
    Primeiro desafio 27
    Pnuma 28
    Clube de Roma 28
    Novos problemas ambientais e a Declaração de Nairobi 29
  Definições 30
    Comissão Brundtland 30
    Controvérsias 31
    Preocupação empresarial 32
    Impacto ambiental 32
    Funcionamento da biosfera 34
    Capacidade de suporte da Terra 35
  Desafios 36
    Primeiro desafio – recursos naturais 36
    Segundo desafio – os limites da biosfera 37
    Terceiro desafio – a questão social 39
    Desafios para o desenvolvimento sustentável 41
  Rio+20 41

Autoavaliações	43
Módulo II – Responsabilidade socioambiental	**49**
Responsabilidade social corporativa	52
Desenvolvimento sustentável	52
Filantropia empresarial	53
Novo paradigma	54
Maiores investimentos	56
Conscientização dos consumidores	57
Definição dos limites	59
Responsabilidade social empresarial	60
Definição	60
Instituto QualiBest	62
Evolução da responsabilidade social	62
Papel dos governos e das empresas	63
Desenvolvimento sustentável	63
Empresas multinacionais	64
Pacto Global	64
Federações de indústrias	66
Empresas e responsabilidade social	69
Governança corporativa	70
Papel do terceiro setor	70
Terceiro setor	70
Crescimento das ONGs	71
Parcerias	72
Destaques	73
Geração de empregos	73
Fiscalização do terceiro setor	75
Autoavaliações	**79**
Módulo III – Gestão da responsabilidade socioambiental	**85**
Indicadores nas empresas	88
Benefícios	88
Fator de competitividade	89
Instituto Ethos	90
Escala Akatu	93

Gestão de projetos sociais	95
Gestão da responsabilidade social	95
Investimento social privado	95
Planejamento estratégico	98
Disseminação	99
Avaliação	99
Casos de responsabilidade social	100
Instituto Ethos	100
Johnson	102
Terranova	103
Volkswagen	104
Natura	105
Belgo	108
Pão de Açúcar	111
Banco do Brasil	113
Papel do sistema financeiro	114
Mudança na atitude do setor financeiro	114
Protocolo Verde	116
Princípios do Equador	117
Bolsas de valores	119
Índices de sustentabilidade	121
Fundos de investimento social	122
Ações dos bancos	123
Autoavaliações	**125**
Módulo IV – Normas nacionais e internacionais	**131**
Normas ISO 14000	134
Códigos voluntários de conduta	134
Certificação de terceira parte	134
ISO	134
Comitê Técnico de Gestão Ambiental	135
Comitê Brasileiro de Gestão Ambiental	136
Tipos de normas	137
Sistemas de gestão ambiental	137
ISO 14001	139
Auditorias ambientais	140

Rotulagem ambiental	140
Avaliação de desempenho ambiental	141
Avaliação de ciclo de vida	141
Ecodesign	143
Comunicação ambiental	143
Mudanças climáticas	144
Outras normas	145
SA 8000	145
OHSAS 18001	146
AA 1000	147
ISO 26000	147
NBR 16001:2004	149
Política de responsabilidade social	150
Papel da alta direção	152
Avaliação de projetos sociais	152
Avaliação de projetos	152
Momento da avaliação	153
Desafios da avaliação	154
Formas de avaliação	155
Planejamento da avaliação	156
Tipos de avaliação	156
Questões metodológicas	157
Quem avalia	158
Sobre responsabilidade socioambiental	159
Balanço social	159
Balanço social do Ibase	159
Selo Balanço Social	161
Global Reporting Initiative	162
Balanço social do Ethos	163
Autoavaliações	**165**
Vocabulário	**171**
Autoavaliações – Gabaritos e comentários	**191**
Módulo I – Desenvolvimento sustentável	193
Módulo II – Responsabilidade socioambiental	199

Módulo III – Gestão da responsabilidade socioambiental 205
Módulo IV – Normas nacionais e internacionais 211

Bibliografia comentada 217

Autor 221

FGV Online 223

Apresentação

Este livro faz parte das Publicações FGV Online, programa de educação a distância da Fundação Getulio Vargas (FGV).

A FGV é uma instituição de direito privado, sem fins lucrativos, fundada, em 1944, com o objetivo de ser um centro voltado para o desenvolvimento intelectual do país, reunindo escolas de excelência e importantes centros de pesquisa e documentação focados na economia, na administração pública e privada, bem como na história do Brasil.

Em todos esses anos de existência, a FGV vem gerando e transmitindo conhecimentos, prestando assistência técnica às organizações e contribuindo para um Brasil sustentável e competitivo no cenário internacional.

Com espírito inovador, o FGV Online, desde sua criação, marca o início de uma nova fase dos programas de educação continuada da Fundação Getulio Vargas, atendendo não só aos estudantes de graduação e pós-graduação, executivos e empreendedores, como também às universidades corporativas que desenvolvem projetos de *e-learning*, e oferecendo diversas soluções de educação a distância, como videoconferência, TV via satélite com IP, soluções *blended* e metodologias desenvolvidas conforme as necessidades de seus clientes e parceiros.

Desenvolvendo soluções de educação a distância a partir do conhecimento gerado pelas diferentes escolas da FGV – a Escola Brasileira de Administração Pública e de Empresas (Ebape), a Escola de Administração de Empresas de São Paulo (Eaesp), a Escola de Matemática Aplicada (EMAp), a Escola de Pós-Graduação em Economia (EPGE), a Escola de Economia de São Paulo (Eesp), o Centro de Pesquisa e Documentação de História Contemporânea do Brasil (Cpdoc), a Escola de Direito do Rio de Janeiro (Direito Rio), a Escola de Direito de São Paulo (Direito GV) e o Instituto Brasileiro de Economia (Ibre) –, o FGV Online é parte integrante do Instituto de Desenvolvimento Educacional (IDE), criado em 2003, com o objetivo de coordenar e gerenciar uma rede de distribuição única para os produtos e serviços educacionais produzidos pela FGV.

Visando atender às demandas de seu público-alvo, atualmente, o FGV Online disponibiliza:

- cursos de atualização via *web*, com conteúdos fornecidos por professores das diversas escolas da FGV;
- desenvolvimento e customização de cursos e treinamentos corporativos, via *web*, com conteúdos fornecidos pelo cliente ou desenvolvidos pela própria FGV;
- cursos e treinamentos semipresenciais estruturados simultaneamente com metodologias presencial e a distância;
- cursos e treinamentos disponibilizados por videoconferência, *webcasting* e TV via satélite com IP;
- TV corporativa;
- modelagem e gestão de universidades corporativas;
- jogos de negócios via internet;
- material didático multimídia – apostilas, vídeos, CD-ROMs.

Ciente da relevância dos materiais e dos recursos multimídia em cursos a distância, o FGV Online desenvolveu os livros que compõem as Publicações FGV Online – com foco específico em pós-graduação –, com a consciência de que eles ajudarão o leitor – que desejar ou não ingressar em uma nova e enriquecedora experiência de ensino-aprendizagem, a educação a distância (EAD) – a responder, com mais segurança, às mudanças tecnológicas e sociais de nosso tempo, bem como a suas necessidades e expectativas.

Prof. Rubens Mario Alberto Wachholz
Diretor do IDE

Prof. Stavros Panagiotis Xanthopoylos
Vice-diretor do IDE

Publicações FGV Online

Atualmente, a educação a distância (EAD) impõe-nos o desafio de navegar por um mar de tecnologias da informação e da comunicação (TICs) aptas a veicular mensagens em diferentes mídias.

Especificamente no que se refere à produção de conteúdos para EAD, independentemente da mídia a ser utilizada, vale ressaltar a importância de alguns princípios gerais. Um deles é a necessidade de o conteúdo apresentar integralidade, ou seja, estrutura coerente, objetiva e completa, já que, ao contrário da prática presencial, as "entrelinhas" do livro didático ou do arquivo *powerpoint* que subsidia as aulas não poderão ser preenchidas, em tempo real, pelo professor.

A modularidade também é muito importante: materiais modulares são alterados mais facilmente, em função do perfil do público-alvo ou de atualizações de conteúdo. Ademais, a modularidade também é uma importante estratégia para o aumento da escalabilidade da oferta de conteúdos em EAD, visto que a construção de unidades mínimas, autônomas e portáteis de conteúdo – os chamados objetos de aprendizagem (OAs) – favorece a criação de múltiplas combinações, que podem ser compartilhadas por diferentes sistemas de aprendizado.

Outro princípio inclui o planejamento de estratégias para atrair a participação dos estudantes que, em sua maioria, não estão acostumados à disciplina necessária ao autoestudo. Assim, é um erro acreditar que não precisemos investir – e muito – em práticas motivacionais na EAD. Por isso, participação e interação precisam ser estruturadas, por meio de jogos, atividades lúdicas, exemplos que favoreçam o desenvolvimento do pensamento dedutivo... donde a importância da simulação e da variedade para atender a motivações diversas, mantendo, assim, a atenção dos estudantes e diminuindo os índices de evasão na EAD.

Repetição e síntese também são princípios que não devem ser esquecidos. Ao mesmo tempo em que oferecem reforço, compensando distrações no ato de leitura – audição, visualização – dos conteúdos e limitações da memória, favorecem a fixação de informações.

Dentre todos esses princípios, entretanto, talvez o mais importante seja o padrão de linguagem utilizado. O caráter dialógico da linguagem – a interação – é um fator determinante da construção do conhecimento. Desse modo, a linguagem a ser empregada é aquela capaz de destacar a dimensão dialógica do ato comunicativo, e não diminuir a voz do estudante. O tom de conversação, portanto, deve ser preferido ao acadêmico. O uso da 1ª pessoa do discurso, a inserção de relatos, exemplos pessoais, frases e parágrafos curtos, bem como de perguntas constituem algumas das estratégias dos profissionais de criação em EAD para dar à linguagem uma face humana individualizada e reconhecível pelos estudantes.

O desenvolvimento de materiais para EAD baseados na *web* não requer menos cuidados. O mesmo tipo de criatividade presente na elaboração do conteúdo deve estar refletido no *layout* de cada tela/página em que ele estará disponível *on-line*. Legibilidade, acessibilidade e navegabilidade são parâmetros que devem nortear desde a construção do *storyboard* (o desenho inicial) do curso até sua finalização.

Na organização do conteúdo *on-line*, sobretudo, a multiplicidade de recursos à disposição dos profissionais de criação é tão útil como perigosa, demandando excessivo cuidado no uso dos elementos mais aptos a facilitar o aprendizado: imagens fixas e cinéticas (gráficos, esquemas, tabelas, fotos, desenhos, animações, vídeos), *hiperlinks*, textos e sons. Até mesmo os espaços em branco – nas páginas impressas ou *on-line* – representam instantes de silêncio que podem favorecer a reflexão dos estudantes, ou seja, usar tudo e de uma só vez não é sinônimo de eficácia e qualidade.

Por exemplo: não podemos ler e ver, ao mesmo tempo; assim, ou as imagens ilustram os textos ou os textos fornecem legendas para as imagens, o que precisa ser planejado. Por sua vez, *hiperlinks* com sugestões de leituras complementares, comentários, verbetes, endereços para pesquisas em *sites*, etc. precisam constituir uma rede desenhada com critério, capaz de, simultaneamente, facilitar o aprendizado e abrir novos caminhos para o aprofundamento de conteúdos ou criarão um caos por onde, dificilmente, o estudante conseguirá navegar com segurança e eficácia.

Partindo da experiência obtida na construção de materiais didáticos para soluções educacionais a distância, o FGV Online desenvolveu as Publicações FGV Online, que visam oferecer suporte aos estudantes que ingressam nos cursos a distância da instituição e oferecer subsídios para que o leitor possa-se atualizar e aperfeiçoar, por meio de mídia impressa, em diferentes temas das áreas de conhecimento disponíveis nas coleções:

- Direito;
- Economia;
- Educação e comunicação;
- Gestão da produção;
- Gestão de marketing;
- Gestão de pessoas;
- Gestão de projetos;

- Gestão empresarial;
- Gestão esportiva;
- Gestão financeira;
- Gestão hospitalar;
- Gestão pública;
- Gestão socioambiental;
- História e ética.

Portanto, ainda que o estudante, aqui, não tenha acesso a todos os recursos próprios da metodologia utilizada e já explicitada para construção de cursos na *web* – acesso a atividades diversas; jogos didáticos; vídeos e desenhos animados, além de biblioteca virtual com textos complementares de diversos tipos, biografias das pessoas citadas nos textos, *links* para diversos *sites*, entre outros materiais –, encontrará, nos volumes da coleção, todo o conteúdo a partir do qual os cursos do FGV Online são desenvolvidos, adaptado à mídia impressa.

A estrutura de cada volume de todas as coleções das Publicações FGV Online contempla:

- conteúdo dividido em módulos, unidades e, eventualmente, em seções e subseções;
- autoavaliações distribuídas por módulos, compostas por questões objetivas de múltipla escolha e gabarito comentado;
- vocabulário com a explicitação dos principais verbetes relacionados ao tema do volume e utilizados no texto;
- bibliografia comentada, com sugestões de leituras relacionadas ao estado da arte do tema desenvolvido no volume.

Direcionar, hoje, a inventividade de novos recursos para ações efetivamente capazes de favorecer a assimilação de conteúdos, a interação e o saber pensar pode ser, realmente, o desafio maior que nos oferece a produção de materiais não só para a EAD mas também para quaisquer fins educacionais, pois os avanços tecnológicos não param e as mudanças dos novos perfis geracionais também são contínuas.

Para isso, precisamos aprender a viver perigosamente, experimentando o novo... e a inovação provém de quem sabe valorizar as incertezas, superar-se nos erros, saltar barreiras para começar tudo de novo... mesmo a experiência mais antiga, que é educar.

Prof. Stavros Panagiotis Xanthopoylos
Vice-diretor do IDE e
coordenador das Publicações FGV Online – pós-graduação

Profa. Mary Kimiko Guimarães Murashima
Diretora de Soluções Educacionais do IDE e
coordenadora das Publicações FGV Online – pós-graduação

Profa. Elisabeth Santos da Silveira
Assessora educacional de Soluções Educacionais do IDE

Introdução

No livro *Responsabilidade socioambiental*, a partir das perspectivas que se delinearam em relação ao desenvolvimento sustentável, com a Conferência de Estocolmo, com o Pnuma e com o Clube de Roma, analisaremos os grandes desafios para a obtenção do desenvolvimento sustentável. Para isso, mapearemos ainda os principais problemas ambientais – tomados em sua perspectiva global, já que eles podem ultrapassar fronteiras –, enfocando os acordos multilaterais que tentam minimizar seu impacto.

Trataremos da responsabilidade socioambiental das empresas, considerando as expectativas das diferentes partes interessadas em sua administração estratégica. Para tal, procederemos à análise dos indicadores que dão suporte aos processos de gestão empresarial.

Apresentaremos, a seguir, as normas nacionais e internacionais que funcionam como códigos voluntários de conduta, por vezes, mais exigentes do que a própria legislação. Finalmente, trataremos da avaliação de projetos sociais, que visa identificar, obter e proporcionar dados e informações necessárias a esse tipo de projeto.

O objetivo do *Responsabilidade socioambiental* é identificar e analisar as práticas, as normas e os indicadores que orientam as empresas na implantação da responsabilidade socioambiental, de forma que está estruturado em quatro módulos.

No módulo I, trataremos, especificamente, do desenvolvimento sustentável. Começaremos apontando seus antecedentes e, a seguir, abordaremos as perspectivas que se delinearam em relação ao desenvolvimento sustentável, com a Conferência de Estocolmo, com o Pnuma e com o Clube de Roma. Finalmente, analisaremos os grandes desafios para obtenção do desenvolvimento sustentável.

Iniciaremos o módulo II fazendo a distinção entre as ações da responsabilidade social corporativa e as ações da responsabilidade social empresarial. A seguir, no âmbito da responsabilidade socioambiental, analisaremos os papéis do Estado, das empresas e do terceiro setor. Em função da importância a elas atribuída nos dias atuais, aprofundaremos as questões relacionadas ao mercado de trabalho aberto pelas ONGs.

No módulo III, trataremos dos indicadores que apoiam e orientam as empresas em relação à responsabilidade social nos processos de gestão. Veremos ainda que, no que tange à responsabilidade social empresarial, devem ser consideradas, em sua administração estratégica, as expectativas das diferentes partes interessadas da empresa.

No módulo IV, apresentaremos as normas nacionais e internacionais que funcionam como códigos voluntários de conduta, por vezes, mais exigentes do que a própria legislação. Finalmente, cuidaremos da avaliação de projetos sociais, realizada com o objetivo de identificar, de obter e de proporcionar dados e informações necessárias a esse tipo de projeto, cujo produto – o balanço social – constitui-se como um importante instrumento de marketing, capaz de otimizar a conquista de novos clientes e mercados.

O autor

Módulo I – Desenvolvimento sustentável

Módulo I – Desenvolvimento sustentável

Neste módulo, trataremos, especificamente, do desenvolvimento sustentável. Começaremos apontando seus antecedentes, ou seja, o surgimento de uma maior conscientização e a necessidade de uma ação governamental para tentar controlar os problemas ambientais.

A seguir, abordaremos as perspectivas que se delinearam em relação ao desenvolvimento sustentável, com a Conferência de Estocolmo, com o Pnuma e com o Clube de Roma. Analisaremos ainda os grandes desafios para a obtenção do desenvolvimento sustentável – garantir a disponibilidade de recursos naturais, respeitar os limites da biosfera para absorver resíduos e poluição e, por fim, resolver a questão social, reduzindo a pobreza em nível mundial. Em função desses desafios, tentaremos reconceituar desenvolvimento sustentável.

Antecedentes

Conscientização ambiental

O surgimento de uma maior conscientização acerca dos problemas ambientais, determinando a necessidade de ações governamentais para tentar controlá-los, deu-se a partir:

- da segunda metade da Idade Média, com o crescimento populacional no mundo;
- da Revolução Industrial, com a concentração da população nas cidades;
- da II Guerra Mundial, com o agravamento dos índices de poluição nos países desenvolvidos provocado pelo grande crescimento da produção industrial.

Em 1962, a publicação do livro *Primavera silenciosa*, da escritora americana Rachel Carson,[1] denunciava o desaparecimento dos pássaros nos campos dos Estados Unidos, provocado pela utilização do pesticida DDT na agricultura.

Esse foi o início da conscientização social e política sobre as questões ambientais, embora restrito quase que exclusivamente aos países desenvolvidos. As organizações não governamentais (ONGs) ambientalistas começaram a surgir nessa época, nesses países, e se preocupavam, basicamente, com a conservação da natureza, com a utilização dos pesticidas na agricultura e com a poluição industrial.

A atuação das ONGs ambientalistas e o aumento da conscientização sobre os problemas ambientais contribuíram para que as Nações Unidas decidissem – durante sua Assembleia Geral, em 1968 – convocar a Conferência das Nações Unidas sobre o Meio Ambiente Humano, que foi realizada entre 5 e 16 de junho de 1972, em Estocolmo, na Suécia.

---

[1] CARSON, R. *Silent spring*. New York: Houghton Mifflin Co., 1962.

Limites do crescimento

Em 1971, durante o processo preparatório para a Conferência de Estocolmo, o Clube de Roma (formado por cientistas de vários países) publicou seu primeiro relatório *Os limites do crescimento*[2] (*The limits to growth*), baseado em um complexo modelo matemático mundial.

Esse relatório demonstrava que, se perdurassem as mesmas taxas de crescimento demográfico, de industrialização e de utilização de recursos naturais, em meados do século XXI, ocorreriam inevitáveis efeitos catastróficos – fome, escassez de recursos naturais, altos níveis de poluição – os quais culminariam com uma incontrolável mortandade da população.

Um modelo matemático foi usado para analisar vários cenários possíveis para o futuro da humanidade.

O cenário 1 – denominado padrão do modelo mundial – usou valores históricos de 1900 a 1970, e considerou que não haveria alterações importantes nas relações físicas, econômicas ou sociais a partir de 1970 – *business as usual*. De acordo com esse cenário:

- a produção de alimentos e a produção industrial cresceriam exponencialmente até que a rápida diminuição de recursos naturais provocaria a escassez de alguns recursos estratégicos;
- a partir de 2030, a escassez de alguns recursos estratégicos forçaria uma queda tanto na produção industrial quanto na de alimentos;
- por volta de 2050, ocorreria uma incontrolável mortandade e, consequentemente, uma redução da população mundial.

Outros cenários foram analisados – como um modelo mundial com reservas de recursos naturais duplicadas, e outro com reservas ilimitadas e com aumento da produtividade agrícola. Em todas as alternativas, haveria uma mortandade incontrolável da população antes de 2100.

Um único cenário, com um modelo mundial estabilizado, evitaria a mortandade incontrolável da população se fossem adotados:

---

[2] MEADOWS, D. H. et al. *Os limites do crescimento*. São Paulo: Perspectiva, 1973.

- reciclagem dos recursos naturais;
- dispositivos de controle da poluição e do crescimento populacional;
- métodos de restauração dos solos;
- maior ênfase nos serviços do que na produção industrial.

Crescimento zero

Para evitar a mortandade da população no século XXI, o relatório *Os limites do crescimento* recomendava a imediata adoção de uma política mundial de contenção do crescimento de modo que a população pudesse atingir um estado de equilíbrio o mais cedo possível. De acordo com o mesmo relatório, o estado de equilíbrio global poderia ser planejado de forma que todas as pessoas tenham suas necessidades básicas atendidas e que lhes fossem dadas oportunidades iguais, permitindo a realização de seu potencial humano.

Mesmo assim, os países subdesenvolvidos entenderam que, se adotada, essa política – denominada crescimento zero – condenaria a maioria dos países da Terra a situações de permanente subdesenvolvimento.

Durante a Conferência de Estocolmo, a reação dos países em desenvolvimento à proposta do crescimento zero foi liderada pelo Brasil e pela Índia. Os representantes dos países industrializados diziam que os países em desenvolvimento não deveriam repetir o modelo de desenvolvimento que eles tinham adotado, o qual tinha resultado na severa poluição do ar e das águas de seus países e de suas cidades.

Como resposta, a primeira-ministra da Índia, Indira Gandhi (único chefe de Estado presente) durante seu discurso, afirmou que "o pior tipo de poluição é a pobreza – a falta de condições mínimas de alimentação, saneamento e educação". Em virtude da reação dos países em desenvolvimento, a proposta do crescimento zero não foi aprovada.

Painel de Founex e ecodesenvolvimento

A divulgação do relatório *Os limites do crescimento*, em 1971, influenciou, decisivamente, o teor das discussões na Conferência de Estocolmo. Antecedendo essa Conferência, foram realizados alguns encontros preparatórios – como a reunião especial do Painel de Especialistas em Desenvolvimento e Meio Ambiente, em Founex, Suíça, em junho de 1971.

O Painel de Founex facilitou os acordos que seriam concretizados em Estocolmo, no ano seguinte, ao enfatizar que o meio ambiente é um problema relacionado não somente aos aspectos biofísicos, como também aos socioeconômicos. Meio ambiente e desenvolvimento são dois lados da mesma moeda. Das discussões do Painel de Founex, também surgiu o conceito de ecodesenvolvimento: "Desenvolvimento baseado na potencialidade de cada ecossistema, levando em conta a participação das populações locais, a redução dos desperdícios de qualquer ordem e a reciclagem dos resíduos".[3]

Começava a se construir o conceito de desenvolvimento sustentável.

Perspectiva

Primeiro desafio

Como resultados concretos da Conferência de Estocolmo, foram aprovadas a Declaração de Estocolmo sobre o Meio Ambiente Humano e uma proposta para que as Nações Unidas criassem um programa específico para o meio ambiente. A Declaração de Estocolmo sobre o Meio Ambiente Humano[4] afirma:

> *Nos países em desenvolvimento, a maioria dos problemas ambientais é motivada pelo subdesenvolvimento. [...]*
>
> *O homem tem o direito fundamental à liberdade, à igualdade e ao desfrute de condições de vida adequada em um meio cuja qualidade lhe permite levar uma vida digna e gozar de bem-estar, tendo a solene obrigação de proteger e melhorar esse meio para as gerações presente e futura.*

---

[3] TOLBA, Mostafa Kamal. *A commitment to the future*: sustainable development and environmental protection. Nairobi: United Nations Environment Programme, 1992.

[4] ORGANIZAÇÃO das Nações Unidas para o Meio Ambiente. *Declaração de Estocolmo sobre o Ambiente Humano*. Estocolmo, 1972. Disponível em: <openlink.br.inter.net/jctyll/1904.htm>. Acesso em: 10 set. 2012.

Pnuma

A Assembleia Geral das Nações Unidas, realizada no final de 1972, aprovou a proposta para a criação do Programa das Nações Unidas para o Meio Ambiente (Pnuma), cuja sede mundial foi instalada em Nairobi, Quênia.

O dia 5 de junho passou a ser celebrado como o Dia Mundial do Meio Ambiente.

O Pnuma foi criado com o objetivo de catalisar e de coordenar as atividades de proteção ambiental:

- dentro do sistema das Nações Unidas;
- entre vários organismos de âmbito regional e internacional;
- entre as entidades governamentais.

O Pnuma criou e passou a gerir o Fundo Voluntário para o Meio Ambiente.

Clube de Roma

Em 1976, o Clube de Roma divulgou seu terceiro relatório, intitulado *Para uma nova ordem internacional*[5] (*Reshaping the international order*), no qual se demonstrou que a relação média de renda entre os países desenvolvidos e os subdesenvolvidos era de 13 para 1.

Tal valor foi considerado inaceitável, em função dos problemas sociais que já estava provocando – entre os quais se incluía a migração clandestina para os países industrializados – e em função dos problemas que poderia causar em um futuro próximo, pois a diferença de renda continuava a crescer. Como muito pouco foi feito, a relação média de renda entre os países ricos e os pobres já ultrapassou 20 para 1.

Esse documento concluía que, antes de serem atingidos os limites físicos de nosso planeta – pelo crescimento populacional, pelo esgotamento dos recursos naturais e pela poluição –, ocorreriam grandes convulsões sociais, econômicas e políticas, provocadas pelo enorme des-

---

[5] TINBERGEN, J. et al. *Para uma nova ordem internacional*. Rio de Janeiro: Agir, 1978.

nível entre os países industrializados e os países em desenvolvimento. O relatório demonstrava, portanto, a imperiosa necessidade de reduzir a pobreza em nível mundial.

Novos problemas ambientais e a Declaração de Nairobi

Em 1982, o Programa das Nações Unidas para o Meio Ambiente comemorou os 10 anos da Conferência de Estocolmo com uma sessão especial, em Nairobi, Quênia. Na época, uma nova e importante preocupação entrava em cena. Os problemas ambientais globais indicavam que os resíduos e a poluição gerados pelas atividades humanas já estavam excedendo, em algumas áreas, a capacidade de assimilação da biosfera.

Figura 1
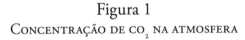
CONCENTRAÇÃO DE CO_2 NA ATMOSFERA

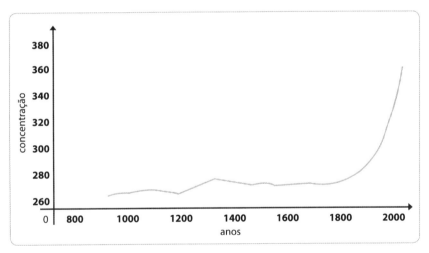

As medições efetuadas revelavam que alguns resíduos das atividades humanas já ultrapassavam a capacidade natural de autodepuração da biosfera, acumulando-se no ar, nas águas e nos solos, e provocando degradação ambiental em velocidade superior à de regeneração natural.

A preocupação com o esgotamento das fontes de recursos naturais se somava à preocupação com os limites de absorção dos resíduos das atividades humanas – o que era muito mais difícil e mais complicado de se controlar. A sessão especial do Conselho de Administração do Pnuma aprovou a Declaração de Nairobi, que classificava como preocupações ambientais tanto a pobreza do sul quanto o consumo esbanjador do norte.

Preocupado com a gravidade da situação, o Pnuma propôs a seu Conselho de Administração que recomendasse às Nações Unidas a criação de uma Comissão Mundial Independente sobre Meio Ambiente e Desenvolvimento, com a atribuição de estudar as questões ambientais e de desenvolvimento até o ano 2000 e após, e propor soluções. Estava na hora de agir.

Definições

Comissão Brundtland

Atendendo à sugestão do Conselho de Administração do Pnuma, a Assembleia Geral das Nações Unidas, no final de 1983, criou a Comissão Mundial Independente sobre Meio Ambiente e Desenvolvimento, e convidou a sra. Gro Harlem Brundtland, ex-primeira-ministra da Noruega, para presidi-la. Por esse motivo, a Comissão é conhecida como Comissão Brundtland. Seu relatório final, *Nosso futuro comum* (*Our common future*), divulgado pelas Nações Unidas em 1987, defendeu o desenvolvimento sustentável como a única alternativa para:

- viabilizar o futuro da humanidade;
- evitar a incontrolável mortandade da população prevista no primeiro relatório do Clube de Roma;
- impedir as graves convulsões sociais previstas no terceiro relatório do Clube de Roma.

Um dos 21 membros da Comissão, que serviram em suas capacidades individuais – portanto, não representando seus países – foi o dr. Paulo Nogueira Neto, que, na época, dirigia a Secretaria Especial do Meio Ambiente do Governo Brasileiro.

Segundo a Comissão Brundtland:[6] "o desenvolvimento sustentável é aquele que atende às necessidades do presente sem comprometer a possibilidade de as gerações futuras atenderem suas próprias necessidades". Afirmava, ainda, que o conceito de desenvolvimento sustentável não envolvia limites absolutos, mas limitações impostas, por um lado, pelo estágio atual da tecnologia e da organização social sobre os recursos ambientais; por outro, pela capacidade de a biosfera absorver os efeitos das atividades humanas. Além disso, reconhecia que seu relatório não oferecia um plano detalhado de ação – apenas sinalizava um caminho para que os povos do mundo pudessem ampliar suas formas de cooperação em busca do desenvolvimento sustentável.

Controvérsias

Para alcançarmos o desenvolvimento sustentável, serão necessárias mudanças fundamentais que vão além de nossa forma de pensar, interferindo em nossa maneira de viver, de produzir e de consumir. O desenvolvimento sustentável – além das dimensões ambiental, social, econômica e tecnológica – envolve as dimensões cultural e política, e vai exigir, portanto, a participação democrática de todos na tomada de decisões que resultem nas mudanças necessárias.

É fácil concordarmos com o conceito de desenvolvimento sustentável, pois é puro bom-senso, mas sua aplicação em nosso dia a dia é extremamente complexa.

O conceito de desenvolvimento sustentável é muito vago e não nos indica que caminhos seguir para atingi-lo. Por isso, diferentes setores da sociedade tendem a interpretá-lo de acordo com seus próprios interesses, suas percepções e necessidades.

Em 1989, a 44ª Sessão da Assembleia Geral das Nações Unidas aprovou, por consenso, a Resolução 44/228, convocando, para junho de 1992, a Conferência das Nações Unidas sobre Meio Ambiente e Desenvolvimento (Cnumad), com o objetivo de discutir as conclusões e as propostas do Relatório Brundtland, particularmente, o conceito do

---

[6] COMISSÃO MUNDIAL INDEPENDENTE SOBRE MEIO AMBIENTE E DESENVOLVIMENTO. *Nosso futuro comum*. Fundação Getulio Vargas: Rio de Janeiro, 1988.

desenvolvimento sustentável, e comemorar os 20 anos da Conferência de Estocolmo. Entre os vários países que se ofereceram para sediar a Conferência, o Brasil acabou sendo escolhido e decidiu realizá-la na cidade do Rio de Janeiro.

Preocupação empresarial

Em 1995, o Conselho Empresarial Mundial para o Desenvolvimento Sustentável (CEMDS)[7] – em inglês, World Business Council for Sustainable Development (WBCSD) – apresentou a seguinte definição:

> *O desenvolvimento sustentável será alcançado pela oferta de produtos e serviços a preços competitivos, que satisfaçam as necessidades humanas, melhorem a qualidade de vida e, ao mesmo tempo, reduzam, progressivamente, os impactos ambientais e a intensidade do uso de recursos, por meio do ciclo de vida, para um nível compatível com a capacidade de suporte da Terra.*

Ou seja, o setor empresarial já estava preocupado com a capacidade de suporte da Terra.

Impacto ambiental

O impacto ambiental provocado por uma determinada região ou um determinado país sobre a biosfera é diretamente proporcional a sua população e seu nível de consumo. O indicador do impacto ambiental de uma determinada região ou país é o produto de **população *versus* consumo de recursos *per capita*.**

Esse produto representa o fluxo total de recursos da biosfera consumidos – naquela região ou naquele país – para produzir os bens e os

---

[7] CONSELHO EMPRESARIAL MUNDIAL PARA O DESENVOLVIMENTO SUSTENTÁVEL, 1997. Disponível em: <www.wbcsd.org>.

serviços de que a população necessita para sua vida diária. Além disso, retorna à biosfera sob a forma de resíduos e poluição.

O indicador **população *versus* consumo de recursos *per capita*** é semelhante ao que denominamos hoje de pegada ecológica, a qual mede o impacto das pessoas que vivem em uma determinada área sobre o meio ambiente, e considera a terra produtiva e a água envolvidas na produção de todos os recursos utilizados pelo homem bem como a absorção de todos os resíduos produzidos.

A pegada ecológica de um americano médio, por exemplo, é de cerca de 12 hectares; a de um italiano médio, cerca de seis hectares. Se a área bioprodutiva do planeta fosse dividida igualmente pela população mundial, teríamos pouco mais de dois hectares por habitante. A biocapacidade de alguns países – como Brasil e Argentina – é maior do que sua pegada ecológica.

Entre os países que têm *pegada ecológica* maior que sua *biocapacidade* estão México, Holanda, Japão e Estados Unidos.[8]

---

[8] UNITED NATIONS POPULATION FUND (UNFPA). *Footprints and Milestones*: Population and Environmental Change. The State of World Population 2001. New York, United Nations Population Fund, 2001.

Funcionamento da biosfera

O funcionamento da biosfera pode ser representado da seguinte forma:

Figura 2
FUNCIONAMENTO DA BIOSFERA

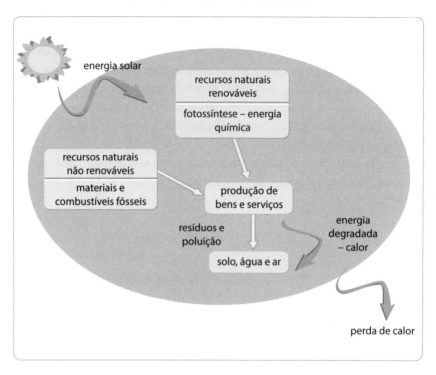

Recebemos, de fora de nosso sistema, a energia solar, indispensável à vida no planeta. Essa energia é absorvida na terra pelas plantas e pelas algas no mar e transformada pela fotossíntese em energia química, contida na estrutura vegetal, formada por carboidratos, proteínas e gorduras.

A energia química – como recurso renovável – pode ser encontrada:

- nos alimentos, como trigo e arroz;
- nos combustíveis, como madeira e álcool da biomassa;
- nos materiais para vestimentas, como algodão.

Na biosfera, temos ainda recursos não renováveis que podem ser encontrados:

- nos materiais, como minério de ferro, e outros;
- nos combustíveis fósseis, como petróleo, carvão e gás natural.

Juntamente com os recursos renováveis da biomassa, os recursos não renováveis são levados ao subsistema econômico – onde estão as fábricas – e transformados em bens e serviços. Ao produzir bens e serviços, geramos resíduos e poluição que, parcialmente tratados ou não, são jogados na biosfera para serem absorvidos. Essa produção também libera energia degradada em calor.

Finalmente, perdemos calor para o exterior, principalmente, durante a noite. Uma parte do calor que seria perdido é retido na atmosfera pelos chamados gases estufa, provocando o aquecimento global.

Capacidade de suporte da Terra

Dois fatores constituem a capacidade de suporte ou a capacidade de carga da Terra: a disponibilidade de recursos, renováveis ou não, para serem transformados em bens e serviços, por um lado, e a capacidade de a biosfera assimilar resíduos e poluição, por outro.

Segundo Postel,[9] "a capacidade de carga é definida pelo maior número de indivíduos, de qualquer espécie, que um *habitat* pode suportar indefinidamente".

A capacidade da Terra para manter os seres humanos não é determinada apenas por nossas necessidades básicas de alimentos mas também:

- pelo amplo espectro de recursos que consumimos;
- pela quantidade de resíduos que geramos;
- pelas tecnologias que escolhemos;
- por nosso sucesso quando lidamos com grandes ameaças ao meio ambiente.

---

[9] POSTEL, Sandra. Carrying capacity: Earth's bottom line. Challenge, Mar./Apr. 1994. In: *State of the World 1994*: a Worldwatch Institute report on progress toward sustainable society. New York: W. W. Norton, 1994.

Desafios

Primeiro desafio – recursos naturais

O primeiro desafio para obtermos o desenvolvimento sustentável é garantir a disponibilidade de recursos naturais, que transformamos em bens e serviços necessários a nossa vida. Já vimos que o alerta sobre a possibilidade de esgotamento dos recursos naturais estratégicos foi dado, pela primeira vez, em 1971.

Como a expectativa de colapso desses recursos estratégicos aponta para 2050, temos pouco tempo para agir – e precisamos fazê-lo agora para evitarmos a fome e a mortandade previstas para a segunda metade de nosso século.

Portanto, esse primeiro desafio a enfrentar – garantir a disponibilidade de recursos naturais – desdobra-se nos dois seguintes eixos:

- o dos recursos naturais renováveis;
- o dos recursos naturais não renováveis.

O relatório *Além dos limites*[10] confirmou que o modelo utilizado em 1971 refletia, de forma bastante acurada, as condições daquela época, incluindo o esgotamento de recursos naturais estratégicos, com a possibilidade de uma incontrolável mortandade da população em meados do século XXI.

Estaremos usando os recursos renováveis de acordo com o conceito do desenvolvimento sustentável quando respeitarmos a velocidade de renovação – auxiliada artificialmente ou não – desses recursos. Se plantarmos mais árvores do que cortarmos, estaremos na direção do desenvolvimento sustentável. Se pescarmos respeitando a velocidade de reprodução dos peixes, estaremos na direção do desenvolvimento sustentável.

Tanto no Brasil quanto no mundo, estamos no caminho contrário ao do desenvolvimento sustentável. A derrubada de florestas nativas continua, os estoques pesqueiros estão sendo drasticamente reduzidos.

Um relatório da Academia de Ciências da França, publicado em 2003, baseado em um estudo de 500 páginas, e coordenado pelo diretor

---

[10] MEADOWS, D. H.; MEADOWS, D. L.; RANDERS, J. *Beyond the limits*. Vermont, USA: Chelsea Green Publishing Co., 1992.

do Instituto Oceanográfico de Paris, Lucien Laubier, alerta que "a exploração desmedida tornou-se crônica; e, para algumas regiões, atingiu níveis graves, próximos do esgotamento das populações".[11] Em 2002, o Canadá perdeu 40 mil empregos na área da pesca do bacalhau.

Bem antes de 50 anos, teremos de ter alternativas e infraestrutura para substituir o petróleo e seus derivados. Quanto aos recursos não renováveis, não podemos, simplesmente, deixar de utilizá-los só porque não são renováveis.

Com o nível de consumo atual e com o crescimento projetado, o petróleo deverá acabar dentro de 50 anos. Se decidirmos agora não mais usar o petróleo, provocaremos uma catástrofe pela falta de transportes, alimentos, aquecimento das casas, etc. Devemos então utilizar os recursos não renováveis de forma racional, enquanto investimos no desenvolvimento de tecnologias alternativas, que permitam a substituição desses recursos quando começarem a ficar escassos.

Segundo desafio – os limites da biosfera

O segundo desafio para obtermos o desenvolvimento sustentável é respeitar os limites da biosfera para a assimilação dos resíduos e da poluição. Isso significa não jogar, sobre a biosfera, resíduos e poluição – decorrentes da produção e do uso de bens e de serviços – em quantidades e em velocidade superiores a sua capacidade de autodepuração. A capacidade de autodepuração da biosfera depende de alguns fatores, dentre os quais citamos três:

- biodegradabilidade do resíduo – quanto mais biodegradável o resíduo, maior a capacidade de assimilação da biosfera;
- das condições locais – o rio Amazonas tem uma capacidade de autodepuração muito maior do que o rio Paraíba;
- quantidade de resíduo lançada.

Um exemplo de boa capacidade de autodepuração é o esgoto doméstico de toda a Zona Sul e parte do centro da cidade do Rio de Janeiro,

---

[11] RELATÓRIO alerta para pesca e exploração excessiva dos mares. *Folha Online*. 16 jan. 2004. Disponível em: <www.folha.uol.com.br/folha/ciencia/ult306u10928.shtml>. Acesso em: 10 set. 2012.

jogado sem tratamento a cinco quilômetros da praia de Ipanema. Apesar da grande quantidade de esgoto lançada, como ele é facilmente biodegradável e o local de lançamento é adequado, o procedimento não gera problemas ambientais.

O alerta sobre os limites da biosfera para assimilar resíduos e poluição nos foi apresentado pelo Pnuma, em 1982, em virtude do aparecimento dos problemas ambientais globais. As concentrações de vários tipos de resíduos e poluição estão crescendo, tanto no ar quanto na água e nos solos. Além do CO_2, estão se acumulando na atmosfera o gás metano (CH_4) o óxido nitroso (N_2O) e o clorofluorcarbono-11 (CFC-11):

Figura 3
Acumulação de gases na atmosfera

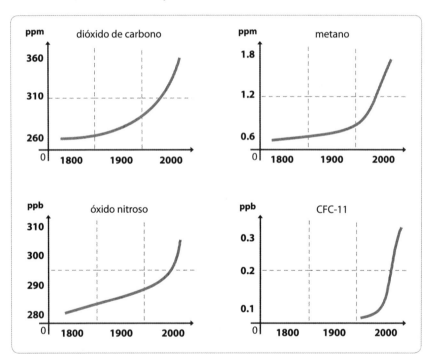

O maior responsável pelo aumento da concentração de óxido nitroso é a queima de combustíveis fósseis. No caso do metano, o responsável é o aumento do gado bovino e caprino (ruminantes) no mundo.

O aumento da concentração dos gases estufa na atmosfera está provocando o aquecimento global, com graves consequências para a humanidade. O Painel Intergovernamental sobre Mudanças Climáticas (IPCC), formado por cerca de 2.500 cientistas de todo o mundo, divulgou seu novo relatório em 2 de fevereiro de 2007. A conclusão é que o aquecimento global provocado pelas atividades humanas está chegando mais rápido e mais forte que o esperado anteriormente – o aumento médio mais provável da temperatura é de 3ºC, não mais de 2ºC, o nível do mar subirá entre 18 e 59 centímetros, e o gelo desaparecerá do Ártico no verão, na segunda metade deste século.

O relatório "Além dos limites" analisa também essa questão, e confirma que já ultrapassamos, em várias áreas, os limites da biosfera para assimilar os resíduos e a poluição produzidos pelas atividades humanas.

Terceiro desafio – a questão social

O terceiro desafio para obtermos o desenvolvimento sustentável é a questão social, isto é, a necessidade de redução da pobreza. Segundo o terceiro relatório do Clube de Roma, *Para uma nova ordem internacional*,[12] divulgado em 1976:

> *Antes de atingirmos os limites físicos de nosso planeta – a disponibilidade de recursos naturais e a capacidade da biosfera para absorver resíduos e poluição –, ocorrerão graves convulsões sociais provocadas pela grande desigualdade entre os países industrializados e os países pobres.*

Em 1976, a relação entre o Produto Interno Bruto (PIB) médio dos países industrializados e o dos países pobres era de 13 para 1, e continuava crescendo. Como pouca coisa foi feita até hoje, essa diferença ultrapassou os 20 para 1. As consequências são evidentes – migrações clandestinas dos países pobres para os ricos, aumento da violência, terrorismo, etc.

---

[12] TINBERGEN, J. et al. *Para uma nova ordem internacional*. Rio de Janeiro: Agir, 1978.

São impressionantes os números de imigrantes clandestinos de países pobres, mortos na tentativa de entrar nos Estados Unidos e na Europa, nos últimos anos. Em agosto de 2002, a ONG marroquina Amigos e Familiares de Vítimas da Imigração Clandestina divulgou que 3.286 cadáveres de marroquinos tinham sido achados, nos últimos quatro anos, no Estreito de Gibraltar.

Os imigrantes clandestinos tinham tentado entrar por mar na Espanha, usando barcos inadequados para a travessia, ou tinham sido jogados ao mar – no meio do caminho – pelas máfias de traficantes humanos, que chegam a cobrar US$ 4 mil de cada um desses imigrantes. De acordo com a ONG Associação de Trabalhadores Imigrantes Marroquinos na Espanha, o número total de marroquinos mortos na tentativa de chegar de barco à Espanha pode ultrapassar 10 mil, embora os corpos recuperados não passem de 4 mil.

Nos últimos anos, a quantidade de imigrantes clandestinos, vindos de países pobres, mortos na tentativa de entrar nos Estados Unidos e na Europa, tornou-se alarmante. Para confirmar a estreita ligação entre o terrorismo e a pobreza, Jessica Stern entrevistou mais de 100 terroristas. Seu trabalho, publicado no livro *Terror em nome de Deus*[13] (*Terror in the name of God*), chegou a importantes conclusões:

- os grupos terroristas têm, em comum, o ressentimento em relação à nova ordem mundial;
- os grupos terroristas consideram-se excluídos pela globalização e tendem a se sentir humilhados;
- os grupos terroristas só veem uma única saída – pegar em armas e lutar contra o inimigo.

Para que possamos viver em um mundo que, realmente, valha a pena, precisamos reduzir e, se possível, eliminar a pobreza.

---

[13] STERN, Jessica. *Terror em nome de Deus*: por que os militantes religiosos matam. São Paulo: Barcarolla, 2004.

Desafios para o desenvolvimento sustentável

Em síntese, os três grandes desafios para atingirmos o desenvolvimento sustentável são:

- garantir a disponibilidade de recursos naturais;
- respeitar os limites da biosfera para absorver os resíduos e a poluição;
- resolver a questão social, reduzindo a pobreza em nível mundial.

Os dois primeiros – de natureza físico-ambiental – caracterizam a capacidade de suporte da biosfera. O terceiro é nosso desafio social. Podemos então redefinir o conceito de desenvolvimento sustentável usando como introdução a definição da Comissão Brundtland e acrescentando-lhe os três grandes desafios.

Só dessa forma poderemos indicar o que precisa ser feito para poder alcançá-lo. O desenvolvimento sustentável é aquele que atende às necessidades do presente sem comprometer a possibilidade de as gerações futuras atenderem a suas próprias necessidades; respeita a capacidade de suporte da biosfera – disponibilidade de recursos naturais e capacidade de assimilação de resíduos e poluição – e reduz a pobreza no mundo.

Rio+20

Foi realizada, entre 20 e 22 de junho de 2012, no Rio de Janeiro (Riocentro), a Conferência das Nações Unidas sobre o Desenvolvimento Sustentável, a Rio+20.

Os eventos oficiais realizados no Riocentro, coordenados pelo Secretariado da Conferência foram:

- terceira reunião do Preparatory Committee da Rio+20 – de 13 a 15 de junho;
- quatro dias de discussões sobre desenvolvimento sustentável – de 16 a 19 de junho;
- Conferência das Nações Unidas sobre Desenvolvimento Sustentável – de 20 a 22 de junho.

A declaração final dos governos, aprovada no dia 22 de junho, foi considerada decepcionante pela falta de definição de metas para o desenvolvimento sustentável e de medidas para reduzir os impactos da poluição nos ecossistemas marinhos. Foi decidido que a Assembleia Geral da ONU vai criar um grupo de trabalho com representantes de 30 países, com distribuição geográfica equilibrada, para apresentar à Assembleia Geral, em 2013, uma proposta de objetivos para o desenvolvimento sustentável (ODSs).

Vários eventos não oficiais foram realizados em junho fora do Riocentro por ONGs e outras instituições, como no Forte de Copacabana, coordenado pelas Federações das Indústrias de São Paulo e do Rio de Janeiro e pela Prefeitura do Rio de Janeiro; e no Aterro do Flamengo coordenado pela sociedade civil. Essas reuniões foram fantásticas, com muitos debates e palestras com especialistas do mundo inteiro. De certa forma, compensou a decepção com os resultados da parte governamental da Rio+20.

Autoavaliações

Questão 1:

Podemos afirmar que a degradação do meio ambiente foi provocada pelo crescimento populacional e sua concentração nas áreas urbanas.
Além disso, entendemos que a degradação ambiental também foi provocada:

a) pelo aumento da produção agrícola, particularmente após a II Guerra Mundial.
b) pelo aumento da produção industrial, particularmente após a II Guerra Mundial.
c) pela diminuição da produção agrícola, particularmente após a II Guerra Mundial.
d) pela diminuição da produção industrial, particularmente após a II Guerra Mundial.

Questão 2:

Os limites do crescimento foi o nome dado ao primeiro relatório do Clube de Roma, publicado em 1971, durante o processo preparatório para a Conferência de Estocolmo. Esse documento foi baseado em um complexo modelo matemático mundial.

Podemos afirmar que esse relatório foi muito importante para a humanidade porque alertou a sociedade para:

a) o problema do aquecimento global, que gera aumento da concentração dos gases estufa.
b) os problemas sociais, que cresceram assustadoramente após o período da II Guerra Mundial.
c) a escassez de recursos naturais, que seria um problema sério para o futuro da humanidade.
d) a desigualdade social, que gera atritos entre os países industrializados e os em desenvolvimento.

Questão 3:

Na cidade de Estocolmo, em 1972, ocorreu a Conferência das Nações Unidas sobre o Meio Ambiente Humano. A conferência, que fora convocada pelas ONGs, objetivava discutir recomendações do relatório *Os limites do crescimento*.

Nesse sentido, uma das temáticas discutidas foi a adoção da política mundial:

a) da escassez da água.
b) do aquecimento global.
c) da desigualdade social.
d) de contenção do crescimento.

Questão 4:

O terceiro relatório do Clube de Roma, divulgado em 1976, apresentou propostas que contribuíram para a redução da diferença entre a renda média dos países industrializados e a dos países em desenvolvimento.

Podemos afirmar que um dos méritos desse relatório, intitulado *Para uma nova ordem internacional*, foi:

a) ter sido uma tentativa de refazer o modelo anterior presente no relatório *Os limites do crescimento*.
b) ter demonstrado que a solução para os problemas sociais dependia de um esforço para a conservação do meio ambiente.
c) ter apresentado propostas que contribuíram para a redução da diferença entre a renda média dos países industrializados e a dos países em desenvolvimento.
d) ter mostrado que os problemas sociais decorrentes do desnível econômico ameaçavam a humanidade tanto quanto o esgotamento dos recursos naturais.

Questão 5:

Como resultados concretos da Conferência de Estocolmo, foram aprovadas a Declaração de Estocolmo sobre o Meio Ambiente Humano e uma proposta para que as Nações Unidas criassem um programa específico para o meio ambiente.

Podemos afirmar que esse programa é denominado:

a) Programa do Clube de Roma.
b) Programa das ONGs ambientalistas.
c) Programa das Nações Unidas para o Meio Ambiente (Pnuma).
d) Programa do Conselho Empresarial Mundial para o Desenvolvimento Sustentável (CEMDS).

Questão 6:

No final de 1983, a Assembleia Geral das Nações Unidas criou a Comissão Mundial Independente sobre Meio Ambiente e Desenvolvimento, chamada Comissão Brundtland. O relatório final dessa comissão defendeu o desenvolvimento sustentável como única alternativa para viabilizar o futuro da humanidade.

De acordo com tal relatório, podemos afirmar que o desenvolvimento sustentável prioriza:

a) um plano geral de ações que refletem o processo de manutenção da biosfera.
b) o crescimento populacional que permite maior atuação das nações em desenvolvimento.
c) o desenvolvimento econômico que possibilita maior equilíbrio entre nações industrializadas e em fase de desenvolvimento.
d) o atendimento às necessidades do presente sem comprometer a possibilidade de as gerações futuras atenderem suas próprias necessidades.

Questão 7:

O impacto ambiental provocado por determinada região ou determinado país sobre a biosfera é diretamente proporcional a sua população e a seu nível de consumo.

Dessa forma, podemos afirmar que o indicador do impacto ambiental de uma região é determinado pela equação:

a) população + hábitos de consumo.
b) população × consumo de recursos *per capita*.
c) pegada ecológica + índice de consumo individual.
d) hábitos de consumo da população × pegada ecológica.

Questão 8:

Segundo a definição de Postel, a capacidade de suporte ou carga da terra é definida pelo maior número de indivíduos, de qualquer espécie, que um *habitat* pode suportar indefinidamente.

Então, podemos afirmar que a capacidade de suporte da biosfera é determinada:

a) pelo estágio da tecnologia e das leis de proteção ambiental.
b) pelo nível de consumo e de desperdício da população humana.
c) pela quantidade de energia solar e pela possibilidade de realização de fotossíntese.
d) pela disponibilidade de recursos naturais e pela capacidade de assimilação de poluição.

Questão 9:

O primeiro desafio para obtermos o desenvolvimento sustentável é garantir a disponibilidade de recursos naturais, que transformamos em bens e serviços necessários a nossa vida.

Nesse sentido, podemos afirmar que uma de nossas ações, ao explorar madeiras, deve ser:

a) plantar mais árvores do que cortar.
b) não cortar árvores nas próximas décadas.
c) plantar árvores somente se for obrigatório.
d) plantar a mesma quantidade de árvores cortadas.

Questão 10:

Para alcançarmos o desenvolvimento sustentável, é necessário vencermos três desafios. O primeiro desafio é garantir a disponibilidade de recursos naturais. O segundo é respeitar os limites da biosfera para a assimilação dos resíduos e da poluição.

Podemos afirmar que o terceiro desafio está associado:

a) à destruição das matas, diminuindo o *habitat* natural.
b) ao aumento do calor, surgindo o aquecimento global.
c) à questão social, reduzindo a pobreza em nível mundial.
d) à matança dos animais, aumentando as espécies em extinção.

Módulo II – Responsabilidade socioambiental

Módulo II – Responsabilidade socioambiental

Iniciaremos este módulo fazendo a distinção entre as ações da responsabilidade social corporativa e as ações da responsabilidade social empresarial.

A seguir, no âmbito da responsabilidade socioambiental, analisaremos os papéis do Estado, das empresas e do terceiro setor. Em função da importância a elas atribuída nos dias atuais, aprofundaremos as questões relacionadas ao mercado de trabalho aberto pelas ONGs, além de questões relacionadas aos mercados formal e informal.

Responsabilidade social corporativa

Desenvolvimento sustentável

A humanidade enfrenta hoje três grandes desafios para atingir o desenvolvimento sustentável. Os dois primeiros – garantir a disponibilidade de recursos naturais e não jogar sobre a biosfera mais resíduos e poluição do que ela possa absorver – são de natureza ambiental e caracterizam a capacidade de suporte do planeta. O terceiro é o desafio social: reduzir a pobreza em nível mundial.

É um desafio para todos nós – governos, iniciativa privada, academia, organizações não governamentais, comunidades – atingir o desenvolvimento sustentável, evitando a escassez de recursos naturais estratégicos, indispensáveis à produção dos bens e serviços de que precisamos e reduzindo ou eliminando os conflitos sociais.

Nas duas últimas décadas, um dos avanços mais significativos testemunhados na agenda socioambiental foi a mudança de atitude das empresas antes predominantemente reativas – só atendiam aos padrões ambientais quando obrigadas – para predominantemente proativas, indo além do que lhes é exigido pela legislação.

Os debates que precederam e sucederam a Rio-92 contribuíram para moldar o conceito de responsabilidade socioambiental. Antes da Rio-92, a ênfase era a questão ambiental e não a responsabilidade socioambiental. Sendo assim, a Rio-92 ajudou as empresas a definirem sua participação no principal desafio contemporâneo, a planejar e a fomentar o crescimento econômico:

- de modo a permitir que os benefícios básicos da sociedade moderna atingissem a maioria da população;
- sem acelerar, ainda mais, o esgotamento dos recursos naturais em todo o planeta.

A iniciativa privada desempenha um papel importante na geração de emprego, no pagamento de impostos e na produção dos bens e serviços de que necessitamos para nossa vida. Entretanto, no início dos anos 1990, o papel social da iniciativa privada passou a ser questionado,

difundindo-se a ideia de que as empresas deveriam assumir um papel mais amplo na sociedade do que sua vocação básica para gerar riquezas.
Daí surgiu o conceito de responsabilidade social corporativa (RSC). No início da evolução do conceito de responsabilidade social, muitas empresas estavam preocupadas somente com seus processos e produtos. Não acreditavam possuir um papel social, argumentando que já pagavam impostos e geravam empregos, e não deviam assumir as responsabilidades dos governos.

Filantropia empresarial

A responsabilidade social corporativa reflete a necessidade de as empresas devolverem benefícios às comunidades nas quais estão instaladas. Afinal, é delas que recebem trabalhadores e recursos. A responsabilidade social corporativa vem, de certa forma, substituir as atividades filantrópicas tradicionais das empresas.
Ações de caráter assistencial não incorporam mudanças que produzam efeitos multiplicadores e sustentáveis. A filantropia empresarial se caracteriza pelo desenvolvimento de ações pontuais, periódicas, como campanhas de arrecadação de alimentos e agasalhos ou doações – materiais ou financeiras.
Dessa forma, a filantropia empresarial, geralmente, responde, de forma reativa, às solicitações de grupos da comunidade, não obedecendo a um processo sistematizado de atuação social.
Segundo Karideny Gomes:[14]

> *No Brasil, há cinco anos, ninguém falava em responsabilidade social – só em filantropia. Hoje apenas fazer doações a entidades filantrópicas não é mais o objetivo principal de muitos empresários atentos à nova exigência de mercado – investir no social.*

continua

---

[14] GOMES, K. N. M. Responsabilidade social nas empresas: uma nova postura empresarial – o caso da CST. In: *Responsabilidade social das empresas*: a contribuição das universidades. São Paulo: Peirópolis, 2004. 3 v.

> *O que observamos é que, diferentemente do que ocorre em ajudas assistencialistas, as empresas preocupam-se com o resultado de seus investimentos, e exigem o monitoramento e a avaliação das ações.*

A mudança de pensamento em algumas das empresas líderes em seus setores já é bem visível. Carly Fiorina,[15] ex-presidente da Hewlett-Packard, declarou, em outubro de 2003, que: "As corporações multinacionais precisam repensar seus investimentos nos países pobres, para proporcionarem oportunidades duradouras para seus habitantes, ao invés de apenas produzirem lucros para seus acionistas".

Fazendo referência à forma pela qual as empresas costumavam fazer filantropia, Fiorina[16] disse que:

> *Frequentemente estas empresas nem perguntam às comunidades locais quais são suas necessidades. Mas, para fazer negócios, elas procuram saber tudo sobre seus clientes, e deveriam adotar a mesma postura para ajudar aos pobres.*

Novo paradigma

Pelo paradigma anterior, a função principal da empresa era produzir lucros para seus acionistas, respeitando a legislação que os governos locais consideravam apropriada à proteção da população.

O Conselho Empresarial Mundial para o Desenvolvimento Sustentável (CEMDS) realizou, a partir de 1995, uma série de reuniões para discutir o que é e até onde vai a responsabilidade social corporativa. Em 1998, definiu a responsabilidade social corporativa como:

---

[15] FIORINA, Carly. *Hewlett-Packard*, 2004. Disponível em: <www8.hp.com/br/pt/home.html>.
[16] Ibid.

Responsabilidade socioambiental

> *O comprometimento permanente dos empresários em adotar um comportamento ético e contribuir para o desenvolvimento econômico, simultaneamente melhorando a qualidade de vida de seus empregados e suas famílias, da comunidade local e da sociedade como um todo.*[17]

A responsabilidade social corporativa implica a mudança de atitude das empresas, perspectivas de longo prazo, em vez dos lucros em curto prazo.

A Federação das Indústrias do Estado de São Paulo (Fiesp), por meio de seu Comitê de Responsabilidade Social (Cores), subordinado ao Conselho Superior de Responsabilidade Social (Consocial), lançou, em 2007, um programa de responsabilidade socioambiental: o Programa Sou Legal. A Fiesp considera que é sua responsabilidade social incentivar que as empresas legalizem-se e paguem seus impostos. O Programa incluiu projetos que visam facilitar o desenvolvimento de práticas que contemplem a adoção das responsabilidades fiscal, ambiental e comunitária.

O Programa Sou Legal baseou-se em três projetos principais:

A) Campanha de legalização, para trazer para a formalidade as empresas industriais do Estado de São Paulo que funcionam à margem do sistema tributário. A Fiesp considera que o primeiro princípio da responsabilidade social para uma empresa é estar legalizada, isto é, registrar seus funcionários, cuidar de sua saúde, dar alimentação adequada, pensar na educação continuada de seus funcionários, implantar programas de geração de renda familiar, e pagar os impostos.

B) Seminários de Responsabilidade Social, para disseminar conceitos e práticas de RSE como ferramenta de gestão. Entre as principais metas estão:

- identificar as necessidades das indústrias em cada região;
- formar redes regionais de públicos de interesse da Fiesp para desenvolver trabalhos e projetos de RSE;
- monitorar o desenvolvimento da prática da RSE;
- avaliar os resultados.

---

[17] CONSELHO EMPRESARIAL MUNDIAL PARA O DESENVOLVIMENTO SUSTENTÁVEL, set. 1998. Disponível em: <www.wbcsd.org>.

C) Etiqueta Social/Selo de Qualidade Produtiva, que tem como objetivo induzir a adoção da RSE em toda a cadeia produtiva, que passa a assinar conjuntamente o produto final. Entre as metas dessa fase, estavam:

- difundir o conhecimento aplicado das normas ABNT e ISO;
- difundir o conceito e a prática da produção responsável;
- firmar parcerias com órgãos públicos e privados;
- preparar as indústrias para o mercado externo, evitando barreiras sociais.

Em 1999, Emílio Odebrecht[18] afirmou que:

> *A busca de maior produtividade bem como o aprimoramento emocional e humano de seus integrantes é que asseguram a competitividade da empresa em um mundo cada vez mais globalizado.*
>
> *Estamos convencidos também de que as ações das empresas devem ultrapassar os limites de suas obrigações legais, razão pela qual as empresas Odebrecht, desde sua fundação, contribuem com programas educativos e educacionais nas comunidades onde atuam.*

Alguns autores, particularmente dos países desenvolvidos, afirmam que "simplesmente obedecer à lei não é responsabilidade social, mas sim uma obrigação social". Teoricamente, podemos concordar com essa tese, mas será que ela aplica-se a países em desenvolvimento, como o Brasil, onde uma grande parcela das empresas e dos trabalhadores está na informalidade? Segundo o Sebrae, um terço das pequenas e médias empresas opera na informalidade.

Maiores investimentos

Um estudo do Instituto de Pesquisa Econômica Aplicada (Ipea), coordenado pela socióloga Anna Peliano e divulgado em 2002, mostra

---
[18] ODEBRECHT, Emílio. *Odebrecht*, 1999. Disponível em: <www.odebrecht.com.br>.

que as empresas brasileiras têm investido em responsabilidade social corporativa. Segundo Anna Peliano:[19]

> *Cada vez mais, as empresas percebem que isso é bom para os negócios. É bom para a imagem da empresa junto à sociedade e junto à vizinhança. Melhora o relacionamento com os empregados e fornecedores. Cada vez mais, percebemos que o governo não vai resolver sozinho todos os problemas sociais.*

No ano 2000, as empresas brasileiras investiram R$ 4,7 bilhões (0,43% de nosso PIB) em responsabilidade social corporativa. No mesmo ano, as empresas americanas investiram U$ 10,1 bilhões (0,11% do PIB de seu país).

No V Congresso Gife sobre Investimento Social Privado, ocorrido em abril de 2008, em Salvador, Bahia, a pesquisadora do Ipea, Anna Maria Peliano, apresentou os resultados de sua pesquisa com uma amostra de 9 mil companhias. O montante destinado por essas empresas à área social foi de R$ 5,3 bilhões em 2007.

Estudo do Ipea revela que 462 mil empresas (ou 59% do total das empresas no Brasil) realizaram algum tipo de ação social no ano 2000, e esse número veio crescendo, atingindo 69% em 2004. A quinta pesquisa nacional sobre Responsabilidade Social, realizada pelo Instituto ADVB de Responsabilidade Social (Associação de Dirigentes de Vendas e Marketing do Brasil), revelou que, de um universo de 2.500 empresas brasileiras, 89% desenvolvem ações sociais voltadas à comunidade. Em relação à quarta pesquisa nacional, registrou um aumento de 61% nos investimentos direcionados aos projetos socialmente responsáveis.

Conscientização dos consumidores

Hoje, um dos problemas que as empresas estão enfrentando é a cobrança, cada vez maior, por parte da sociedade, da aplicação dos princípios da responsabilidade social corporativa:

---
[19] PELIANO, Anna. *Instituto de Pesquisa Econômica Aplicada*, 2002. Disponível em: <www.ipea.gov.br>.

- a suas atividades fundamentais;
- à melhoria da qualidade de vida de seus funcionários e das comunidades em que se inserem, e não apenas às atividades tradicionais de treinamento.

Como exemplo, temos a responsabilidade dos fabricantes de defensivos agrícolas. Criticam-se os fabricantes de defensivos agrícolas que não impedem que seus vendedores, no campo, recomendem aos agricultores o uso de pesticidas em quantidades e frequência maiores do que as realmente necessárias. Tal prática é reprovável porque aumenta, por um lado, os problemas de intoxicação dos agricultores, e, por outro, a quantidade de pesticida presente nos produtos agrícolas consumidos pela população. Ou seja, em função da maior conscientização dos consumidores sobre os problemas ambientais, as empresas têm sido cada vez mais pressionadas a minimizar os impactos ambientais de seus produtos e serviços.

Existe um receio, no meio empresarial, de que a agenda da responsabilidade social corporativa esteja sendo expandida além dos limites razoáveis. Esse receio foi verbalizado por Bryan Cross,[20] assessor sênior em Responsabilidade Social Corporativa e Globalização da Confederação das Indústrias Britânicas (CBI), que declarou, em 2002, referindo-se aos governos e às ONGs:

> *A responsabilidade social corporativa foi sequestrada pelas organizações não governamentais de tal forma que as empresas são chamadas a realizar tarefas que elas, simplesmente, não podem realizar. O ponto de partida parece ser o de que as empresas são "culpadas", portanto, elas devem resolver os problemas do mundo e produzir vários tipos de benefícios sociais. Mas não existe uma consciência do papel e das responsabilidades dos outros participantes.*

O Instituto Akatu, o Instituto Ethos e a empresa Market Analisys apresentaram, no primeiro semestre de 2008, os resultados do estudo responsabilidade social empresarial: Percepção do Consumidor Brasileiro, 2006-2007. A pesquisa concluiu que os consumidores brasileiros

---

[20] CROSS, Bryan. *Confederação das Indústrias Britânicas*, 2002. Disponível em: <www.cbi.org.uk>.

mantêm alta expectativa em relação às práticas de responsabilidade social empresarial, mas ainda se mostravam desinformados e um pouco céticos sobre a atuação das corporações.

Em 2007, enquanto 77% dos brasileiros demonstraram interesse em saber como as empresas se esforçavam para serem socialmente responsáveis, 66,5% faziam uma avaliação positiva a respeito da contribuição socioambiental das empresas, contra 57% em 2006.

Definição dos limites

Para as empresas, o grande problema reside na definição dos limites da responsabilidade social corporativa. Mesmo as que consideram legítimo e benéfico investir nas comunidades em que atuam, muitas vezes, não sabem, ao certo, até que ponto devem envolver-se. De acordo com o Conselho Empresarial Mundial para o Desenvolvimento Sustentável (CEMDS):[21]

> *Responsabilidade social corporativa é o comprometimento permanente dos empresários em adotar um comportamento ético e contribuir para o desenvolvimento econômico, simultaneamente melhorando a qualidade de vida de seus empregados e suas famílias, da comunidade local e da sociedade como um todo.*

A própria definição de responsabilidade social corporativa do CEMDS não estabelece, claramente, esses limites. Em todo o mundo, as necessidades sociais e culturais das comunidades são muito variadas. Como o entendimento do papel social das empresas é diferente nas várias regiões do mundo, elas ainda têm dificuldade de contribuir, de forma eficiente, para reduzir a pobreza. As empresas tendem a se concentrar nas questões comunitárias que se relacionam mais diretamente com seus objetivos – como os programas de melhoria da renda familiar de seus empregados.

---

[21] CONSELHO EMPRESARIAL MUNDIAL PARA O DESENVOLVIMENTO SUSTENTÁVEL, 1998. Disponível em: <www.wbcsd.org>.

Na conferência magna que apresentou na abertura do Terceiro Seminário Aberto em Minas Gerais sobre Responsabilidade Social Empresarial e Desenvolvimento Sustentável, realizado pelo Conselho de Cidadania Empresarial da Federação das Indústrias do Estado de Minas Gerais, em Ouro Preto, em setembro de 2004, o gerente de Desenvolvimento Empresarial da AngloGold Ashanti, da África do Sul, Paul Hollesen,[22] declarou: "As empresas devem interagir com a comunidade onde atuam, mas precisam estabelecer limites claros para a ação social, evitando assumir a função governamental de prover saúde, saneamento, educação e infraestrutura à população".

A AngloGold Ashanti possui 25 minas em 11 países, com um total de 62.500 empregados. Segundo Hollesen, uma empresa que atua em países em desenvolvimento precisa saber exatamente onde começa e onde termina a responsabilidade da iniciativa privada, sem que isso signifique abrir mão de contribuir para a redução dos índices de subdesenvolvimento. Hollesen[23] declarou também que a mineradora acredita que "é possível auferir lucros na atividade de mineração atuando com parâmetros éticos, de honestidade e integridade".

Responsabilidade social empresarial

Definição

O Instituto Ethos de Empresas e Responsabilidade Social – criado em São Paulo, em 1998 – usa o termo responsabilidade social empresarial ao invés de responsabilidade social corporativa. Ricardo Young,[24] no artigo "Gestão da responsabilidade social e do desenvolvimento sustentável", de fevereiro de 2005, define:

---

[22] HOLLESEN, Paul. *Terceiro Seminário Aberto em Minas Gerais sobre Responsabilidade Social Empresarial e Desenvolvimento Sustentável*. Conselho de Cidadania Empresarial da Federação das Indústrias do Estado de Minas Gerais. Ouro Preto, set. 2004. Disponível em: <www.fiemg.com.br>.
[23] Ibid.
[24] YOUNG, Ricardo. *Gestão da responsabilidade social e do desenvolvimento sustentável*. Instituto Ethos, 2005. Disponível em: <www.ethos.org.br/DesktopDefault.aspx?TabID=3888&Alias=uniethos&Lang=pt-BR>. Acesso em: 22 ago. 2012.

> A responsabilidade social empresarial (RSE) definitivamente tornou-se uma importante ferramenta para a sustentabilidade das organizações. Hoje, os conceitos que norteiam uma gestão socialmente responsável – a relação ética e transparente com todos os públicos que se relacionam com a empresa para o desenvolvimento do seu negócio e da sociedade, preservando-se os recursos ambientais e humanos para as gerações futuras – trouxeram vários benefícios para as organizações.

A responsabilidade social empresarial é uma forma de conduzir os negócios, que torna a empresa parceira e corresponsável pelo desenvolvimento social. Uma empresa socialmente responsável é aquela que possui a capacidade de ouvir os anseios das partes interessadas – acionistas, funcionários, prestadores de serviços, fornecedores, consumidores, comunidade, governo e meio ambiente – e consegue incorporá-los ao planejamento de suas atividades.

Os benefícios da responsabilidade social empresarial para as organizações que optam pelo caminho da sustentabilidade são:

- benefícios tangíveis – redução de custos, melhor produtividade, crescimento de receitas, acesso a mercados e capitais, melhor processo ambiental e gestão de recursos humanos;
- benefícios intangíveis – valorização da imagem institucional, maior lealdade do consumidor, maior capacidade de atrair e de manter talentos, capacidade de adaptação, longevidade e diminuição de conflitos.

Uma organização pratica, de modo genuíno, a responsabilidade social empresarial quando é gerida em concordância com os princípios e as questões que envolvem o desenvolvimento sustentável. As empresas não perguntam às comunidades locais quais são suas necessidades, mas, para fazer negócios, elas procuram saber tudo sobre seus clientes.

É indispensável – para a prática de uma gestão socialmente responsável – que os administradores conheçam e compreendam, em profundidade, a filosofia e as propostas do desenvolvimento sustentável, assumindo que essa abordagem seja crucial para a perpetuidade dos empreendimentos.

O principal desafio tem sido o de balancear o gerenciamento dos negócios, de modo a atender às exigências de competitividade com baixos custos e alto padrão de qualidade, sem deixar de contemplar as demandas da sociedade civil.

Instituto QualiBest

O Instituto QualiBest, especializado em pesquisas de mercado pela internet, divulgou um estudo realizado entre julho e agosto de 2006 com 4.350 pessoas, de diferentes faixas etárias e das classes A, B, C e D de todas as regiões do país. O resultado foi a constatação de que o brasileiro está familiarizado com o tema responsabilidade social empresarial, pois 90% afirmaram conhecer o conceito, e 82% acreditavam que as empresas que investem em projetos sociais devem divulgar isso em seus produtos.

O estudo revelou, entretanto, uma postura crítica em relação aos objetivos dessas empresas, pois 33% opinaram que o interesse da empresa é vender mais, usando o projeto social como propaganda. Para Paulo Itacarambi,[25] diretor superintendente do Instituto Ethos, "As pessoas acham legítimo que as empresas divulguem suas ações. Posteriormente, isso pode ser um instrumento para sua decisão de compra".

Um dado até certo ponto surpreendente foi o fato de 41% dos entrevistados não conhecerem nenhuma ONG que trabalhe com o assunto e 58% associarem alguma empresa ao conceito de responsabilidade social.

Evolução da responsabilidade social

A evolução do conceito de responsabilidade social nas empresas brasileiras pode ser definida em quatro estágios:

- não responsabilidade social – as empresas negavam o conceito, argumentando que já geravam empregos, pagavam impostos, e que a

---

[25] ITACARAMBI, Paulo. *Instituto Ethos*, 2006. Disponível em: <www.ethos.org.br>.

questão social era responsabilidade dos governos. Hoje, já é raro encontrar empresas que ainda defendam essa posição;
- filantropia empresarial – ações pontuais e doações periódicas, geralmente respondendo, de forma reativa, às solicitações de grupos da comunidade, ou execução de projetos desvinculados das reais necessidades da comunidade e da estratégia corporativa;
- responsabilidade social empresarial – as empresas atuam a partir da lógica de que o negócio, além de gerar lucro para os acionistas, deve considerar o bem-estar dos funcionários, a qualidade de vida das comunidades em que estão inseridas e da sociedade como um todo, o relacionamento ético com fornecedores e governos e o menor impacto possível ao meio ambiente. Surge o investimento social privado;
- sustentabilidade – estágio mais avançado. Caracteriza-se pela adoção de um novo modelo de pensar e de fazer negócios. As empresas procuram conciliar resultados econômicos, sociais e ambientais (*triple bottom line*), conferindo a cada um deles o mesmo nível de importância. A ideia da sustentabilidade representa uma nova visão de negócio – sensível, ética e, sobretudo, inteligente.

Papel dos governos e das empresas

Desenvolvimento sustentável

Os dados divulgados, em 2003, pelo Banco Mundial revelam o grande desequilíbrio na distribuição de renda na América Latina. Os 10% mais ricos da América Latina detêm 48% da renda e os 10% mais pobres da América Latina detêm 1,6% da renda. No Brasil, os 10% mais ricos detêm 49% da renda nacional – ou seja, estamos acima da média da América Latina.

A desigualdade na distribuição de renda é estimulada pela desigualdade na educação, tendo em vista que a educação é fator determinante de mobilidade social. Na América Latina, os 10% mais ricos têm, em média, 12 anos de estudo. Os 30% mais pobres têm apenas dois anos de estudo.

Paralelamente, a diferença entre o maior e o menor salário na América Latina chega a 160 vezes. Nos Estados Unidos, é 60 vezes. Na Europa, é 45 vezes.

Apesar dos recentes progressos, o Brasil ainda apresenta um elevado nível de pobreza e de concentração de renda.

Nos Estados Unidos e na Europa, o desequilíbrio na distribuição de renda apresenta relação de 29% para os mais ricos, e 2,5% para os mais pobres.

Empresas multinacionais

A Organização para Cooperação e Desenvolvimento Econômico (OCDE), que reúne os governos da Europa, dos Estados Unidos, do Canadá, do México, da Austrália, da Nova Zelândia e do Japão, definiu, em 2004, as Diretrizes para a Responsabilidade Social de Empresas Multinacionais.

Segundo a OCDE, as empresas:

- devem contribuir para o desenvolvimento sustentável;
- devem respeitar os direitos humanos;
- devem estimular a geração de capacidade local;
- devem criar oportunidades de emprego;
- não devem aceitar isenções sobre normas ambientais de saúde, segurança e higiene, trabalhistas, fiscais, entre outros;
- devem abster-se de qualquer ingerência imprópria nas atividades e políticas locais.

Pacto Global

A Organização das Nações Unidas – formada pela quase totalidade dos governos dos países do mundo – tem várias iniciativas na área de responsabilidade socioambiental. O Pacto Global (Global Compact) é resultado de um convite do então secretário-geral das Nações Unidas, Kofi Annan, ao setor privado para que, juntamente com algumas agências das Nações Unidas e atores sociais, contribuísse para avançar na prática de responsabilidade social corporativa, na busca de uma economia global mais sustentável e inclusiva. Segundo Annan,[26] o Pacto Global objetiva: "dar uma face humana à globalização, envolvendo vários atores sociais, e promovendo avanços no movimento de responsabilidade social, com o apoio do setor empresarial".

As agências envolvidas com o Pacto Global são o Programa das Nações Unidas para o Meio Ambiente (Pnuma), o Programa das Nações Unidas para o Desenvolvimento (Pnud), a Organização das Nações Unidas para o Desenvolvimento Industrial (Unido), a Organização Internacional do Trabalho (OIT), e o Alto Comissariado para os Direitos Humanos (ACDH).

Incluem-se os princípios do Pacto Global (Global Compact), iniciativa desenvolvida pelas Nações Unidas para mobilizar a comunidade empresarial internacional para a promoção de valores fundamentais nas áreas de direitos humanos, trabalho e meio ambiente; e, particularmente, a Declaração Universal dos Direitos Humanos, as Declarações da Organização Internacional do Trabalho sobre os Princípios e Direitos Fundamentais no Trabalho, a Declaração do Rio de Janeiro sobre Meio Ambiente e Desenvolvimento e a Convenção das Nações Unidas Contra a Corrupção. A Norma deverá também facilitar a liberalização do comércio e a remoção das barreiras comerciais.

O Pacto Global advoga 10 princípios universais:

- princípios de direitos humanos: respeitar e proteger os direitos humanos; e impedir violações de direitos humanos;
- princípios de direitos do trabalho: apoiar a liberdade de associação no trabalho; abolir o trabalho forçado; abolir o trabalho infantil; e eliminar a discriminação no ambiente de trabalho;
- princípios de proteção ambiental: apoiar uma abordagem preventiva aos desafios ambientais; promover a responsabilidade ambiental; e encorajar tecnologias que não agridam o meio ambiente;
- princípio contra a corrupção: combater a corrupção em todas as suas formas, inclusive extorsão e propina.

Esses 10 princípios universais são derivados da Declaração Universal dos Direitos Humanos, da Declaração da OIT sobre Princípios e

---

[26] ANNAN, Kofi. *United Nations Global Compact*, 2000. Disponível em: <www.unglobalcompact.org>.

Direitos Fundamentais no Trabalho, da Declaração do Rio de Janeiro sobre Meio Ambiente e Desenvolvimento e da Convenção das Nações Unidas Contra a Corrupção.

No Brasil, o Instituto Ethos conduziu, em 2000, um processo de engajamento de empresas brasileiras no Pacto Global. Ao todo, 206 empresas brasileiras tornaram-se signatárias ao pacto. A relação dessas 206 empresas foi entregue ao secretário-geral das Nações Unidas em reunião solene, em 26 de julho de 2000, em Nova Iorque, com a presença de executivos das maiores empresas do mundo, diretores-gerais de várias agências da ONU, representantes de ONGs e de organizações de trabalhadores de diversos países.

Em dezembro de 2003, foi criado o Comitê Brasileiro do Pacto Global (CBPG), formado por instituições representativas do setor privado, da sociedade civil organizada, da academia e de organizações das Nações Unidas. Por ser uma iniciativa da ONU, o Pacto Global deu origem a vários projetos sociais, bem como a parcerias e alianças. A maior contribuição do Pacto Global foi levar o conceito de responsabilidade social corporativa a países que ainda não tinham despertado para essa nova forma de conduzir os negócios.

O então presidente do Instituto Ethos, Oded Grajew, foi eleito presidente do CBPG por um período de dois anos, e a Secretaria Executiva do CBPG é de responsabilidade do Pnud do Brasil. Em junho de 2004, a ONU promoveu, em sua sede em Nova Iorque, a Cúpula dos Líderes do Pacto Global (Global Compact Leaders Summit), que contou com a participação de 480 executivos das empresas signatárias, líderes de organizações internacionais do trabalho, da sociedade civil e das agências das Nações Unidas, além de um número selecionado de representantes de governos. Entre as empresas brasileiras representadas no evento estavam Aracruz Celulose, Banco do Brasil, Caixa, Grupo Pão de Açúcar, Instituto Ethos, Natura e Petrobras.

Federações de indústrias

No Brasil, várias federações estaduais da indústria criaram conselhos de responsabilidade social. Em 11 de maio de 2005, a Confederação Nacional da Indústria (CNI) instalou, em Brasília, seu Conselho Temático

Permanente de Responsabilidade Social. Segundo estudo do Ipea,[27] 59% das empresas no Brasil realizam algum tipo de ação social – e esse número vem crescendo. Pesquisas mais recentes do Instituto ADVB de Responsabilidade Social[28] indicam uma grande evolução nesse índice, que já teria atingido 89% das empresas brasileiras.

A Federação das Indústrias do Estado do Rio de Janeiro (Firjan) criou o Conselho Empresarial de Responsabilidade Social, que tem o apoio de uma assessoria de responsabilidade social. O objetivo do Sistema Firjan (inclui Sesi e Senai), do Centro das Indústrias do Rio de Janeiro (Cierj) e do Instituto Euvaldo Lodi (IEL)[29] foi definido como:

Conscientizar, motivar, facilitar e orientar as empresas para a prática continuada e crescente de Responsabilidade Social, considerando-a como uma estratégia de crescimento e longevidade, de apoio ao desenvolvimento integral do Estado do Rio de Janeiro e de contribuição às políticas públicas do país.

A Fiesp criou, em 2005, o Comitê de Responsabilidade Social (Cores), subordinado ao Conselho Superior de Responsabilidade Social (Consocial). O objetivo é:

[...] oferecer estratégias e ferramentas que auxiliem os industriais na formulação e implantação de política de Responsabilidade Social Empresarial (RSE), levando-se em conta as exigências legais, os compromissos éticos e a preocupação com a promoção da cidadania e do desenvolvimento sustentável, além da transparência das atividades.[30]

---

[27] INSTITUTO DE PESQUISA ECONÔMICA APLICADA, 2002. Disponível em: <www.ipea.gov.br>.
[28] INSTITUTO ADVB DE RESPONSABILIDADE SOCIAL. V *Pesquisa Nacional de responsabilidade Social*, 2004.
[29] REDE SISTEMA FIRJAN DE RSE. *Responsabilidade Socioambiental*, 2009. Disponível em: <www.cra-rj.org.br/site/espaco_opiniao/palestras/IIEMS/Responsabilidade_Socio_Ambiental.pdf>. Acesso em: 29 ago. 2012.
[30] BELFORT, Eliane. *Comitê de Responsabilidade Social*. Federação das Indústrias do Estado de São Paulo, 2005. Disponível em: <www.fiesp.com.br/comite/cores/resp_social.aspx>. Acesso em: 29 ago. 2012.

A Federação das Indústrias do Estado de Minas Gerais (Fiemg), criou o Conselho de Cidadania Empresarial (CCE), que promoveu o Terceiro Seminário Aberto em Minas Gerais sobre Responsabilidade Social Empresarial e Desenvolvimento Sustentável, realizado em Ouro Preto, em setembro de 2004. O presidente do CCE, Roberto Carvalho,[31] nessa ocasião, declarou que a Terra contará com cerca de 8 bilhões de habitantes em 2030: "Com isso, haverá uma pressão exacerbada sobre todos os recursos naturais do planeta, o que vai abrir novos mercados e exigir novas posturas empresariais".

Nesse contexto, a responsabilidade das empresas será encontrar soluções inovadoras que respondam às necessidades de seus novos clientes, sem prejudicar a base de recursos naturais do planeta. Para isso, será necessário que as empresas adotem um comportamento corporativo responsável, buscando uma visão sistêmica de trabalho, a partir de uma afirmação individual das responsabilidades sociais de cada um.

O Conselho Temático Permanente de Responsabilidade Social da Confederação Nacional das Indústrias, criado em 2005, reúne as Federações das Indústrias de todos os Estados e outros 16 membros, como os presidentes das Associações Brasileiras da Indústria de Alimentos e dos Fabricantes de Brinquedos, e da Associação Nacional dos Fabricantes de Produtos Eletrônicos. Foi criado com o objetivo de estimular o desenvolvimento integrado, e em rede, de ações e iniciativas de responsabilidade social nas federações, associações e empresas industriais. O Conselho tem também a missão de estudar a legislação brasileira referente a incentivos fiscais para empresas que promovem programas de responsabilidade social e de participar do processo de definição de leis específicas sobre esse assunto. Foi divulgado, nessa ocasião, que 14 federações industriais no Brasil já possuem conselhos de responsabilidade social ou órgãos afins. Em seu pronunciamento, o presidente do Conselho[32] declarou:

---

[31] CARVALHO, Roberto. *Terceiro Seminário Aberto em Minas Gerais sobre Responsabilidade Social Empresarial e Desenvolvimento Sustentável*. Conselho de Cidadania Empresarial da Federação das Indústrias do Estado de Minas Gerais. Ouro Preto, set. 2004. Disponível em: <www.fiemg.com.br>.

[32] PARENTE, Jorge. *Conselho Temático Permanente de Responsabilidade Social da Confederação Nacional das Indústrias*, 2005. Disponível em: <www.fiec.org.br/portalv2/sites/jornal/home.php?st=listinfo&conteudo_id=266>. Acesso em: 29 ago. 2012.

> *Acredito que devam ser evitadas ações de cunho assistencialista ou de caridade. Em nosso entendimento, as iniciativas de responsabilidade social são aquelas que venham a responder, de fato, às demandas da sociedade ainda não respondidas pelo Estado.*

Empresas e responsabilidade social

Segundo Oded Grajew,[33] ex-presidente do Instituto Ethos, a responsabilidade social está atraindo muitas empresas, pois aumenta a compreensão de que uma sociedade empobrecida, com renda mal distribuída, violenta (como a nossa) não é uma área propícia aos negócios. Além disso, aumenta a compreensão (ainda que em pequeno grau) de que, em uma sociedade deteriorada, que ameaça os negócios, não se torna viável a instituição de uma sociedade justa. Quando Henry Ford aumentou o salário de seus funcionários, ele queria ter uma sociedade que pudesse comprar seus carros e também pudesse ser mais justa.

As ações desenvolvidas por uma empresa em benefício da comunidade – seja daquela na qual a empresa está inserida, seja da sociedade como um todo – são denominadas ações de cidadania corporativa. Como a cidadania corporativa, a empresa é parceira e corresponsável por ações para reduzir os problemas sociais e contribuir para o desenvolvimento sustentável.

A cidadania corporativa diz respeito ao relacionamento entre empresas e sociedade – tanto a comunidade local quanto a mundial – e sugere um relacionamento de *mão dupla* entre a sociedade e as corporações. As ações de cidadania corporativa incluem investimentos sistemáticos, organizados em projetos e em programas junto à comunidade. Para tal, a comunidade é consultada previamente sobre suas necessidades e prioridades. A atitude empresarial é proativa, ou seja, visa contribuir para a solução dos problemas prioritários da comunidade.

---

[33] GRAJEW, Oded. *Instituto Ethos*, 2003. Disponível em: <www.ethos.org.br>.

Governança corporativa

Segundo a OCDE,[34] a governança corporativa é o sistema pelo qual as empresas são dirigidas e monitoradas, envolvendo os relacionamentos entre os acionistas, o conselho de administração, os diretores, a auditoria independente e o conselho fiscal. O objetivo de suas boas práticas é aumentar o valor da sociedade, facilitar seu acesso a financiamentos e contribuir para sua sustentabilidade.

A governança corporativa é baseada na transparência dos negócios, na prestação de contas aos interessados – *accountability* – e na equidade. Seus princípios incluem os seguintes temas:

- direitos dos acionistas;
- tratamento igualitário entre acionistas;
- papel das demais partes interessadas;
- abertura e transparência;
- responsabilidade do conselho de administração.

Papel do terceiro setor

Terceiro setor

Segundo Fernandes:[35] "Um terceiro setor – não lucrativo e não governamental – coexiste hoje, no interior de cada sociedade, com o setor público estatal e com o setor privado empresarial".

Na lógica da nova terminologia, o primeiro setor é o governo. O segundo setor é representado pelas empresas privadas com fins lucrativos.

Entre as organizações não governamentais (ONGs), encontramos:

- organizações comunitárias – associações de moradores, entidades beneficentes;
- braços sociais de empresas – Fundação Vale do Rio Doce.

---

[34] ORGANIZAÇÃO PARA A COOPERAÇÃO E DESENVOLVIMENTO ECONÔMICO, 2004. Disponível em: <www.oecd.org>.
[35] FERNANDES, Rubem César. *Privado, porém público*: o terceiro setor na América Latina. Rio de Janeiro: Relume-Dumará, 1994.

Embora possamos encontrar muitos cidadãos participando voluntariamente das atividades das ONGs, o mercado de trabalho remunerado criado pelas organizações do terceiro setor é hoje bastante significativo.

Como resultado de uma parceria entre governo federal e a sociedade civil, o Instituto Brasileiro de Geografia e Estatística (IBGE), o Instituto de Pesquisa Econômica Aplicada (Ipea), o Grupo de Institutos, Fundações e Empresas (Gife) e a Associação Brasileira de Organizações Não Governamentais (Abong) lançaram, em 2004, a pesquisa "As fundações privadas e associações sem fins lucrativos no Brasil". A pesquisa revela que, entre 1996 e 2002, o número de fundações privadas e associações sem fins lucrativos cresceu 157%, passando de 105 mil para 276 mil. No mesmo período, o número de pessoas ocupadas no setor passou de 1 milhão para 1,5 milhão de trabalhadores, registrando um aumento de 50%. A pesquisa, que confirma a importância do terceiro setor na geração de empregos, pode ser encontrada nos *sites* do IBGE <www.ibge.gov.br> e do Ipea <www.ipea.gov.br>.

Crescimento das ONGs

O crescimento das ONGs nas últimas décadas – apoiado pelas Nações Unidas – é um fenômeno de dimensões globais. O estímulo ao crescimento das ONGs de cunho social se deu a partir de 1992, quando, na Conferência das Nações Unidas sobre Meio Ambiente e Desenvolvimento, realizada no Rio de Janeiro, a necessidade de reduzir a pobreza no mundo foi incluída no conceito de desenvolvimento sustentável.

No Brasil, a criação de Conselhos Estaduais de Meio Ambiente e do Conselho Nacional do Meio Ambiente (Conama), com a participação da sociedade civil, estimulou, significativamente, a criação de ONGs ambientalistas.

Com o sentimento de que o Estado sozinho não conseguiria resolver os problemas sociais, começa a ser forjado um novo padrão de relacionamento entre os três setores da sociedade. O Estado começa a reconhecer que as ONGs acumularam um capital de recursos, experiências e conhecimentos – sob formas inovadoras de enfrentamento das questões sociais – que as qualificam como parceiras e interlocutoras de políticas governamentais.

O setor privado – que tinha tido vários confrontos com as ONGs ambientalistas e se mantinha afastado e cauteloso – percebeu os benefícios de usar essas organizações como canais para realizar investimentos nas áreas social, ambiental e cultural. Algumas ONGs sociais já existiam antes da Rio-92, como, por exemplo, o Instituto Brasileiro de Análises Sociais e Econômicas (Ibase) no Rio de Janeiro.

Parcerias

As parcerias entre empresas e grupos comunitários dão credibilidade aos negócios. As possibilidades de uma empresa contribuir para resolver ou amenizar os problemas de uma comunidade aumentam quando a empresa atua em parceria com outras empresas, com os órgãos governamentais e com as ONGs, pois a empresa consegue somar recursos, reduzir custos, e dividir atribuições e riscos inerentes aos projetos implantados isoladamente.

Por outro lado, pelo fato de as ONGs serem instituições respeitadas em muitos mercados, há empresas que tentam se associar a elas para usufruir da avaliação positiva oriunda de seu envolvimento com questões comunitárias.

A Fundação Vale do Rio Doce (FVRD), por exemplo, está executando em Paragominas, no estado do Pará, o Projeto Vale Alfabetizar, em parceria com a ONG Alfabetização Solidária <www.alfabetizacao.org.br>, a prefeitura da cidade e a Universidade Estadual do Maranhão. Mil jovens e adultos já aprenderam a ler e a escrever, e outros 620 estão sendo alfabetizados por pessoas treinadas nas próprias comunidades atendidas.

Caso uma empresa precise selecionar uma ONG para implantar um determinado projeto, e tendo em vista que as ONGs são muito diferentes entre si, algumas dicas devem ser seguidas na hora de escolher uma ONG como parceira:

- seja clara sobre sua intenção na formação da parceria;
- determine a duração da parceria;
- dependendo do que a empresa esteja querendo, a ONG pode precisar de conhecimento técnico, habilidades para gerenciar projetos, credibilidade perante outras ONGs ou habilidade para lidar com a imprensa;

- verifique se a ONG é realmente representativa ou só diz que é;
- estabeleça em que âmbito – local, nacional ou internacional – você precisa da ONG.

Se sua intenção for encontrar uma ONG que administre um projeto para a empresa, então, o critério de seleção será muito parecido com o usado para encontrar um parceiro comercial ou um fornecedor. Sua decisão deverá sempre levar em consideração o histórico da ONG, sua credibilidade, imagem para outras organizações da área e competitividade, além do fato de atingir ou não os padrões de sua empresa.

Destaques

As ONGs Gife e Ethos têm-se destacado no cenário nacional.

Constituído, inicialmente, por 25 empresas doadoras de recursos para projetos sociais, conta hoje com 69 empresas participantes, o Gife foi a primeira associação da América do Sul criada para promover uma agenda social direcionada à qualificação de práticas e de tecnologias de investimento social privado. Foi criado em 1995, como consequência de uma iniciativa da Câmara Americana de Comércio de São Paulo, com apoio da Fundação Ford e da Fundação Kellogg, que promoveu reuniões e conferências sobre filantropia empresarial e a criação de um comitê de empresas brasileiras e fundações corporativas.

Constituída, inicialmente, por 16 empresas, em abril de 2005, a Ethos já contava com 1.008 empresas. A discussão de conceitos como parceria, cidadania corporativa, responsabilidade social e investimento social privado – estimulada por esse Instituto – obteve rápida adesão do setor empresarial.

Geração de empregos

A importância do terceiro setor na geração de empregos e oportunidades de trabalho aumentou muito nos últimos 10 anos. Entre 1996 e 2002, o número de pessoas que atuam no terceiro setor passou de 1 milhão para 1,5 milhão.

A OIT divulgou que, no fim do ano 2000, nada menos do que um terço da força de trabalho mundial – 3 bilhões de pessoas – estava desempregado ou subempregado. Esse fato, de certa forma, ajuda a explicar o crescimento de 50% no número de pessoas trabalhando no terceiro setor.

Como a população dos países desenvolvidos está estabilizada e, em alguns casos, caindo, existe uma demanda por trabalhadores com qualificação limitada nesses países, como faxineiros, com uma remuneração muitas vezes maior do que é pago por esses tipos de serviços nos países em desenvolvimento. Esse fato, aliado à perspectiva de uma vida melhor para as famílias, incluindo melhor educação para os filhos, tem provocado a migração predominantemente ilegal de trabalhadores dos países pobres para os países mais ricos. Entre 1965 e 1990, essa migração cresceu de 70 milhões para 120 milhões de pessoas. Alguns países da África, da América Latina, do Caribe e da Ásia perderam um terço dos trabalhadores qualificados, embora os trabalhadores estrangeiros mandem todos os anos a seus países de origem cerca de US$ 75 bilhões, que é maior (50% a mais) do que a Ajuda Oficial ao Desenvolvimento – recursos a fundo perdido que os países ricos destinam todos os anos para países pobres de sua escolha.

O mercado de empregos pode ser classificado em duas categorias:

- setor formal – faz parte da receita de impostos e está submetido à fiscalização governamental;
- setor informal – não recolhe impostos, não obedece, necessariamente, à legislação e está à margem da fiscalização governamental.

Na América Latina e no Caribe, 85% dos empregos criados desde 1990 se inserem no setor informal. Em alguns países africanos (como em Zâmbia), apenas 10% da mão de obra têm empregos legalizados. Nas grandes cidades brasileiras, esses dados podem ser comprovados pelo dramático aumento da quantidade de camelôs (trabalhadores sem registro que vendem mercadorias nas ruas).

Se, por um lado, a economia informal garante o sustento daqueles que não conseguem um emprego formal, por outro, contribui para perpetuar a pobreza, pois, na maioria dos casos, não gera recursos suficientes para uma vida digna ou para sustentar a educação dos filhos. No Rio de Janeiro, por exemplo, grande parte dos camelôs trabalha para outras pessoas, donas das mercadorias vendidas. Essas mercadorias são, com frequência, roubadas ou contrabandeadas. O emprego informal também contribui para a perpetuação da pobreza porque não dá direito à assistência médica ou hospitalar, à aposentadoria e outros direitos trabalhistas.

Em 2009, o terceiro setor movimentava mais de US$ 1 trilhão por ano e equivalia a oitava maior economia do mundo. No Brasil, eram mais de 300 mil ONGs que faziam parte desse setor. Cerca de 1,2 milhão de empregos eram gerados, e o setor envolvia mais de 20 milhões de voluntários, o que faz do Brasil o quinto país do mundo em voluntários.[36]

Fiscalização do terceiro setor

O prejuízo da multinacional Nike com a divulgação de que seus tênis eram fabricados com participação de mão de obra infantil – portanto, informal – surtiu efeitos no mundo inteiro. Hoje, tanto as multinacionais quanto as grandes indústrias nacionais são fiscalizadas por ativistas do terceiro setor, que denunciam irregularidades, como abusos contra trabalhadores e utilização de trabalho infantil.

Normas internacionais de boas práticas de trabalho, saúde e segurança, adotadas por grandes empresas, têm sido veiculadas em campanhas de divulgação, com o objetivo de diferenciar seus produtos no varejo. As grandes empresas, além de estarem começando a adotar boas práticas de trabalho, vêm exigindo que seus fornecedores também o façam.

A geração de emprego e renda é considerada uma das ações mais importantes da responsabilidade social, pois não existe cidadania sem trabalho digno. A Firjan criou o Conselho Empresarial de Responsabilidade Social e a Assessoria de Responsabilidade Social. A partir daí, foi celebrado um convênio entre a Firjan e a Inter-American Foundation (IAF), que resultou na criação de um Fundo Firjan/IAF para o Desenvolvimento Social.

---

[36] FREITAS, A. C. B. et al. *A influência do terceiro setor para economia brasileira*. XIV INIC – Encontro Latino Americano de Iniciação Científica, 2010. Disponível em: <www.inicepg.univap.br>.

Entre os projetos do fundo Firjan/IAF que estão sendo desenvolvidos no Brasil, mencionamos alguns a seguir:

- Sesi – Por um Brasil Alfabetizado, cujo objetivo é reduzir em 30% o analfabetismo entre jovens e adultos de 15 anos, até 2006. Entre 2003 e 2004, o projeto formou 157 alunos, gerando renda para oito professores e um supervisor pedagógico da comunidade. O projeto é executado pelo Sesi/RJ, em parceria com sete associações de moradores, com o Grupamento de Apoio da Aeronáutica (GAP), e Escola Municipal Mascarenhas de Moraes e Escola Estadual Tiradentes;
- Projeto Transformar – Qualificando para o Futuro, que objetiva elevar a escolaridade até a quarta série do Ensino Fundamental e inclui a qualificação profissional dos alunos egressos do projeto Por um Brasil Alfabetizado;
- Alinhavando o Caju, que gerou emprego e renda para 45 pessoas, a partir da formação de uma cooperativa de costura, que fornece uniformes para a Libra – empresa patrocinadora – e outras empresas da região. É executado por uma ONG, a Associação Parque Nossa Senhora da Penha;
- Pré-Vestibular Comunitário, que atende, anualmente, 100 jovens e adultos, preparando-os para o vestibular. A Universidade Federal do Rio de Janeiro (UFRJ) fornece o corpo docente, formado por alunos de graduação e pós-graduação da Universidade.

O Fundo Firjan/IAF foi responsável pela implementação de 43 projetos sociais, com mais de 3.300 beneficiados diretos, com a participação de 47 empresas e 34 ONGs, que investiram aproximadamente R$ 1,3 milhão em contrapartida aos R$ 1 milhão repassados pelo Fundo.

Atualmente, o Conselho Empresarial de Responsabilidade Social da Firjan, formado por mais de 40 empresas do estado do Rio de Janeiro, está executando, por meio de sua Assessoria de Responsabilidade Social, outros programas como:

- Cozinha Brasil – programa do Sesi que oferece cursos de educação alimentar com o objetivo de orientar a população quanto ao melhor aproveitamento dos alimentos, reduzindo assim o desperdício e promovendo a alimentação saudável. É um programa que possibilita às

empresas realizarem seu investimento social privado de forma sistemática e estratégica, no atendimento tanto das comunidades de seu entorno quanto dos trabalhadores e suas famílias. Desde 2005, foram realizados 46.665 atendimentos com mais de 500 parceiros entre empresas, instituições e o governo;
- Sesi Cidadania – programa realizado nas comunidades pacificadas do Rio de Janeiro. Em setembro de 2012, o programa já tinha realizado mais de 312 mil atendimentos, oferecendo, gratuitamente, educação, qualificação profissional, cultura, saúde, esporte e lazer a moradores de 26 comunidades cariocas pacificadas.

Autoavaliações

Questão 1:

No início dos anos 1990, difundiu-se a ideia de que as empresas deveriam assumir um papel mais amplo do que sua vocação básica para gerar riquezas. Dessa forma, um dos avanços mais significativos testemunhados na agenda socioambiental foi a mudança de atitude das empresas.

Em vista disso, podemos afirmar que as ações das empresas têm-se caracterizado por:

a) filantropia.
b) reatividade.
c) misantropia.
d) proatividade.

Questão 2:

No início da evolução do conceito de responsabilidade social, muitas empresas estavam preocupadas somente com seus processos e produtos. As companhias não acreditavam possuir um papel social. Em 1998, o CEMDS mostrou que responsabilidade social corporativa envolvia mudança de atitude das empresas e perspectivas de longo prazo.

Dessa forma, podemos afirmar que a prática da responsabilidade social corporativa:

a) aumentou somente em 1998, pois, naquela época, era modismo atuar em prol das causas sociais.
b) permaneceu inalterada, pois não houve motivação que fizesse com que as empresas mudassem suas atitudes.
c) vem decrescendo, nos últimos anos, em virtude das dificuldades econômicas que as empresas estão enfrentando com as altas taxas de juros.
d) vem crescendo tanto no número de empresas envolvidas quanto nos investimentos em projetos sociais, pois as empresas perceberam o valor dos investimentos.

Questão 3:

O investimento das empresas em atividades de responsabilidade social tem gerado benefícios, dentre os quais podemos destacar a melhoria da produtividade, decorrente da melhoria ambiental, e o acesso a mercados e capitais.

Podemos afirmar que, além desses benefícios, ocorreram:

a) o desgaste operacional e o aumento de conflitos internos e externos.
b) a melhoria da imagem institucional e a diminuição de conflitos internos e externos.
c) a manutenção da imagem da empresa e o aumento de conflitos internos e externos.
d) o desgaste da imagem da empresa e a diminuição de conflitos internos e externos.

Questão 4:

A Organização das Nações Unidas (ONU) tem várias iniciativas na área de responsabilidade socioambiental. Entre essas iniciativas, destacamos o Pacto Global (Global Compact).
Em vista disso, podemos afirmar que o Pacto Global tem como objetivo:

a) melhorar a governabilidade do mundo.
b) viabilizar o desenvolvimento sustentável.
c) dar uma face mais humana à globalização.
d) atender melhor às emergências ambientais.

Questão 5:

No Brasil, várias federações estaduais da indústria criaram conselhos de responsabilidade social. As pesquisas mais recentes do Instituto ADVB de Responsabilidade Social Corporativa mostram que 89% das empresas brasileiras realizam algum tipo de ação social.
Dessa forma, podemos interpretar o resultado da pesquisa como a indicação de que:

a) uma sociedade com má distribuição de renda é imprópria para os negócios.
b) o esforço das empresas e da Confederação Nacional das Indústrias (CNI) começa a dar resultados.
c) o rigor observado na legislação brasileira tem obrigado as empresas a aumentarem suas ações sociais.
d) as empresas têm-se preocupado com a melhoria da imagem institucional a partir da realização de ações filantrópicas.

Questão 6:

Para reduzir os problemas sociais e contribuir para o desenvolvimento sustentável, as empresas podem assumir um papel de parceria e de corresponsabilidade. Dessa forma, atuam em benefício da comunidade.
Nesse sentido, as ações desenvolvidas por uma empresa são chamadas de:

a) governança social.
b) ações sociopolíticas.
c) cidadania corporativa.
d) cooperação empresarial.

Questão 7:

A análise do investimento social privado brasileiro, nos últimos sete anos, indica que algumas empresas criaram fundações e institutos para executar seus próprios projetos de responsabilidade social. Entretanto, há muitas possibilidades de uma empresa contribuir para resolver ou amenizar os problemas de uma comunidade.
Em vista disso, as possibilidades de contribuição de uma empresa aumentam quando a empresa atua:

a) somente em parceria com entidades sem fins lucrativos.
b) sem parceria com os órgãos governamentais, com seus próprios recursos.
c) em parceria somente com órgãos governamentais e entidades com fins lucrativos.
d) em parceria com outras empresas, com os órgãos governamentais e com as ONGs.

Questão 8:

Atualmente, o terceiro setor – não lucrativo e não governamental – coexiste com o setor público estatal e com o setor privado empresarial. Na lógica da nova terminologia, o primeiro setor é o governo e o segundo setor é representado pelas empresas privadas com fins lucrativos.

Nessa ordem, podemos afirmar que o terceiro setor é representado:

a) pelas ONGs.
b) pela comunidade.
c) pelas multinacionais.
d) pelas fundações públicas.

Questão 9:

A Organização Internacional do Trabalho (OIT) divulgou que, no fim do ano 2000, um terço da força de trabalho mundial – 3 bilhões de pessoas – estava desempregada ou subempregada.

O aumento do desemprego nos ajuda a explicar o crescimento de 50% no número de pessoas trabalhando no:

a) quarto setor.
b) terceiro setor.
c) primeiro setor.
d) segundo setor.

Questão 10:

Geração de emprego e de renda é uma das ações mais importantes da responsabilidade social. Segundo Fernando Alves, a geração de trabalho se sobrepõe a todas as outras ações de responsabilidade social.

Esse tipo de ação deve ser priorizado, sobretudo, em todos os países que:

a) estejam em vias de desenvolvimento.
b) apresentem alto índice de desemprego.
c) registrem baixo índice de informalidade.
d) tenham uma economia de base industrial.

Módulo III – Gestão da responsabilidade socioambiental

Módulo III – Gestão da responsabilidade socioambiental

Neste módulo, trataremos da responsabilidade socioambiental das empresas – ou responsabilidade social empresarial – e dos indicadores adotados pelo Instituto Ethos para apoiar e orientar as empresas quanto à incorporação de conceitos e de práticas de responsabilidade social nos processos de gestão empresarial.

Veremos ainda que a responsabilidade social empresarial vai muito além do papel tradicional de gerar empregos e cumprir com as determinações legais da sociedade em que a empresa está inserida. Responsabilidade social empresarial significa considerar as expectativas das diferentes partes interessadas da empresa em sua administração estratégica.

Finalmente, analisaremos – nas duas últimas décadas – os resultados da significativa mudança de atitude do setor financeiro em relação aos aspectos ambientais e sociais.

Indicadores nas empresas

Benefícios

Cada vez mais empresas em todo o mundo adotam a responsabilidade socioambiental. A responsabilidade socioambiental das empresas, ou responsabilidade social empresarial (RSE), caracteriza-se pelo uso da ética e da transparência na relação da empresa com todos seus públicos: acionistas, empregados, clientes, fornecedores, comunidade vizinha.

Um dos motivos para o crescimento da responsabilidade socioambiental tem sido, certamente, a divulgação dos benefícios – econômicos, ambientais e sociais – obtidos por aquelas que, de forma pioneira, investiram nessa área.

Alguns benefícios da RSE são mensuráveis:

- redução de custos;
- melhoria da produtividade – trabalhadores mais motivados;
- acesso mais fácil a novos mercados;
- acesso mais fácil a capitais – mais recentemente.

Outros são de difícil mensuração:

- valorização da imagem institucional;
- maior lealdade do consumidor;
- maior capacidade de atrair e de manter talentos – grau de satisfação com o trabalho realizado;
- maior sustentabilidade – longevidade;
- diminuição de conflitos – internos e externos.

Fator de competitividade

Segundo Ricardo Young,[37] ex-presidente do Instituto Ethos:

> *[...] a responsabilidade social empresarial como fator de competitividade estimulou muitas empresas e seus gestores a adotar práticas de RSE sem nenhum planejamento estratégico. Outras adotaram em seus discursos conceitos de RSE sem realizar no mínimo um trabalho de reflexão sobre sua história e seus valores.*

Consequentemente, não foi possível ainda avançar para novos modelos de administração e obter resultados concretos na gestão da responsabilidade socioambiental das empresas. À medida que os *stakeholders* – partes interessadas – têm mais acesso às informações sobre a empresa e sobre sua sustentabilidade, as expectativas em relação às mesmas tendem a aumentar. Paralelamente, exigem-se mais responsabilidade e transparência em suas ações.

Por aprimorarem, constantemente, suas práticas empresariais, algumas empresas já evoluíram tanto em sua gestão e em seus indicadores que estão próximas da excelência. Essas empresas encontram-se prontas para dar um salto em direção a modelos de maior consistência sistêmica – como o de sustentabilidade empresarial, derivado do conceito de desenvolvimento sustentável. Para que as empresas possam avaliar suas atividades em RSE, é necessário que elas tenham acesso aos indicadores das empresas que atingiram estágios próximos da excelência – *benchmarking*.

Esse conceito foi emanado do conceito de responsabilidade social e trazido para a prática de negócios por meio do modelo do *triple bottom line*, baseado na consideração integrada dos fatores econômicos, ambientais e sociais.

---

[37] YOUNG, Ricardo. *Gestão da responsabilidade social e do desenvolvimento sustentável*. Instituto Ethos, 2005. Disponível em: <www.ethos.org.br/DesktopDefault.aspx?TabID=3888&Alias=uniethos&Lang=pt-BR>. Acesso em: 22 ago. 2012.

Instituto Ethos

O Instituto Ethos adotou como um de seus maiores desafios o apoio e a orientação às empresas quanto à incorporação de conceitos e de práticas de responsabilidade social nos processos de gestão empresarial. O Manual Ferramentas de Gestão – disponibilizado pelo instituto – oferece uma extensa linha de programas, políticas e ideias que discorrem sobre o processo de formação de uma empresa estruturada e respeitada por seus valores sociais, e demonstra ações que objetivam criar e proporcionar um ambiente de trabalho produtivo e participativo. Esse manual pode ser usado como uma fonte de ideias para as empresas que querem tornar-se socialmente responsáveis.

O Instituto Ethos alerta que não é possível executar tudo o que se espera de uma só vez. E complementa que observar a lei em todos os seus aspectos já é uma boa base de responsabilidade social. O Instituto afirma que, em um primeiro momento, a empresa deve concentrar seu esforço em algumas áreas, particularmente naquelas mais adequadas à cultura da empresa.

Os Indicadores Ethos de Responsabilidade Social Empresarial são uma ferramenta de aprendizado e avaliação da gestão que otimiza a incorporação de práticas de responsabilidade social no planejamento estratégico e no monitoramento do desempenho geral da empresa. São constituídos de seis ferramentas básicas que podem ser utilizadas pelas empresas para gerir os impactos econômicos, sociais e ambientais de suas atividades. Essas ferramentas respondem às necessidades das diversas etapas de gestão empresarial:

- primeiros passos;
- matriz de evidências;
- guia de balanço social;
- localizador de ferramentas, banco de práticas e Indicadores Ethos.

A partir desses indicadores, as empresas podem verificar os pontos fortes de sua gestão em responsabilidade social empresarial e as oportunidades de melhoria.

Quando o Instituto Ethos desenvolveu e lançou os indicadores, colocou à disposição, tanto das empresas quanto da sociedade, um importante instrumento para a tomada de decisão. Saiu-se pela primeira vez do impressionismo, que dominava as análises sobre a performance das empresas nos temas de RSE, para uma avaliação objetiva. No caso do Instituto Ethos, inclusive, os indicadores não estabelecem o *ranking* das empresas para o público. É um instrumento que pertence ao rol dos chamados mecanismos voluntários, em que as empresas, voluntariamente, propõem-se a utilizá-los e a avaliar sua performance nos temas que os Indicadores Ethos cobrem. A utilização dessa avaliação fica a cargo das empresas.

Os Indicadores Ethos foram criados de acordo com alguns parâmetros de pesquisa e de *benchmark* de normas e de certificações, tanto nacionais quanto internacionais. Utilizaram-se a ISO 9000, a ISO 14000, a SA 8000 e também a AA 1000, que são ferramentas de aprendizado e avaliação da gestão no que se refere à incorporação de práticas de responsabilidade social empresarial ao planejamento estratégico e ao monitoramento e desempenho geral da empresa. São instrumentos de autoavaliação e de aprendizagem de uso interno. A empresa que estiver interessada em avaliar suas práticas de responsabilidade social, e em se comparar com outras empresas, poderá baixar pela internet, no *site* <www.ethos.org.br>, e responder os Indicadores Ethos 2006.

Para possibilitar a elaboração de autodiagnósticos mais precisos e aprofundados dos dilemas e peculiaridades de cada setor, o Instituto Ethos já lançou vários Indicadores Ethos Setoriais de Responsabilidade Social. Durante sua V Conferência Nacional, ocorrida em junho de 2003, foram lançados os novos Indicadores Setoriais voltados para os setores financeiro, de mineração, e de papel e celulose. Os questionários setoriais desenvolvidos são complementares aos Indicadores Ethos gerais, e compostos por questões binárias – sim ou não – que permitem a uma empresa avaliar oportunidades e desafios típicos de seu setor de atuação. E o resultado final será apresentado no Relatório de Diagnóstico Setorial de RSE, que estará disponível na área restrita, exclusivamente para a empresa.

Para incentivar a adoção dos princípios da RSE pelas micro e pequenas empresas brasileiras, o Instituto Ethos e o Serviço Brasileiro de Apoio às Micro e Pequenas Empresas (Sebrae) lançaram, em outubro de 2003, duas publicações:

- Ferramenta de autoavaliação e planejamento – Indicadores Ethos-Sebrae de Responsabilidade Social Empresarial para micro e pequenas empresas;
- Responsabilidade social empresarial para micro e pequenas empresas – passo a passo.

Já foram elaborados também os indicadores específicos para os setores de petróleo e gás, de transporte de passageiros e da construção civil, que focaliza, em um primeiro momento, as empresas construtoras. O Instituto Ethos oferece às empresas e às entidades empresariais dos demais setores, que tiverem interesse em desenvolver indicadores próprios para seu setor, a possibilidade de trabalhar em conjunto com o núcleo de Ferramentas de Gestão do Instituto.

Os Indicadores Ethos de Responsabilidade Social Empresarial são uma ferramenta de uso interno que permite avaliar a gestão da incorporação de práticas de responsabilidade social. Ou seja, uma ferramenta de autoavaliação. Permitem, ainda, planejar estratégias e monitorar o desempenho geral da empresa.

Esses indicadores equivalem a um sistema que permite avaliar o estágio em que se encontram as práticas de RSE nas empresas.

São eles divididos em sete grandes temas:

- valores, transparência e governança;
- público interno;
- meio ambiente;
- fornecedores;
- consumidores e clientes;
- comunidade;
- governo e sociedade.

A empresa relaciona-se com o meio ambiente causando impactos de diferentes tipos e intensidades. Uma empresa ambientalmente responsável deve gerenciar suas atividades de maneira a identificar esses impactos, buscando minimizar aqueles que são negativos e amplificar os positivos. Deve, portanto, agir para a manutenção e para melhoria das condições ambientais, minimizando ações próprias potencialmente agressivas ao meio ambiente e disseminando, para outras empresas, as práticas e os conhecimentos adquiridos nesse sentido.

Os outros temas dos Indicadores Ethos de Responsabilidade Social Empresarial também podem ser encontrados no *site* <www.ethos.org.br>.

Esses Indicadores Ethos são de fácil aplicação e autoavaliação. Qualquer empresa, associada ou não, que preencha os indicadores pode mandá-los ao Instituto Ethos nas datas por ele estabelecidas – geralmente, 30 de abril ou 30 de outubro –, e receberá, gratuitamente, relatórios com resultados comparativos em relação ao grupo de 10 empresas líderes da área – grupo de *benchmark*.

O questionário inclui, entre outras, perguntas sobre:

- código de ética;
- padrões de concorrência;
- balanço social;
- gestão participativa;
- participação nos resultados;
- valorização da diversidade;
- comportamento diante de demissões;
- preparação para a aposentadoria;
- gerenciamento do impacto ambiental;
- práticas anticorrupção e propinas;
- combate ao trabalho infantil.

O Instituto deverá lançar, em 2012, a terceira geração dos Indicadores Ethos.

Escala Akatu

O Instituto Ethos de Empresas e Responsabilidade Social e o Instituto Akatu pelo Consumo Consciente criaram a Escala Akatu de Responsabilidade Social Empresarial, um amplo banco de dados que agrega informações sobre responsabilidade social. Essa escala é uma ferramenta simples que permite ao consumidor a análise do comportamento de uma empresa em relação a seu envolvimento com aspectos da responsabilidade social.

Cabe a nós, consumidores, avaliar também a responsabilidade social das empresas.

A Escala Akatu traça um amplo painel das marcas e dos produtos das empresas, a partir das respostas dadas a um questionário de 60 perguntas divididas em 17 temas ou áreas de ação das empresas em RSE percebidas pelo consumidor. São eles:

- princípios e normas de conduta;
- transparência para a sociedade;
- participação e diálogo com os empregados;
- promoção da inclusão social como empregadora;
- atenção aos empregados;
- relações de emprego justas;
- cuidado com o meio ambiente;
- gerenciamento do impacto ambiental;
- parceria com fornecedores;
- seleção e avaliação de fornecedores;
- responsabilidade na relação com o consumidor;
- comunicação com o consumidor e propaganda;
- relações com a comunidade próxima;
- contribuição para a sociedade em geral;
- transparência política;
- práticas anticorrupção;
- liderança social.

As empresas podem acessar e responder ao questionário da Escala Akatu – disponível no Centro de Referências Akatu pelo Consumo Consciente. As respostas são processadas automaticamente, e o resultado é mostrado em poucos minutos. As empresas também podem selecionar o nível de restrição de acesso às respostas – desde sigilo total até autorização para publicação dos resultados. A empresa tem condições de avaliar a reação dos consumidores a essas práticas, interagindo com eles.

No caso de permissão para o livre acesso do público pela internet, a empresa terá um *link* mostrando suas respostas, além de área específica para apresentação institucional e para divulgação de seus produtos e marcas.

Ao responder ao questionário, a empresa torna públicas as práticas de responsabilidade social que implementa. Dessa forma, os consumidores poderão influenciar as empresas a adotarem atitudes cada vez mais socialmente responsáveis. As empresas, por sua vez, levarão suas práticas aos consumidores, que, ao valorizá-las, induzirão outras empresas a instituírem a responsabilidade social como forma de gerenciar seus negócios.

Gestão de projetos sociais

Gestão da responsabilidade social

A responsabilidade social empresarial vai muito além do papel social tradicional de gerar empregos e cumprir as determinações legais da sociedade em que a empresa está inserida.

A gestão da responsabilidade social é muito mais do que a implementação de projetos isolados de ação social: ela pressupõe uma coerência de atuação que englobe tanto a cadeia de valor da empresa quanto sua relação com o ambiente externo. Essa coerência implica considerar a responsabilidade social como fator estratégico que pode até mesmo vir a condicionar a tomada de decisão nos diversos âmbitos da empresa.

Responsabilidade social empresarial significa considerar as expectativas em relação à administração estratégica.

Investimento social privado

Investimento social privado é o investimento realizado com recursos do segundo setor, por meio de projetos previamente aprovados e executados pelo terceiro setor. Os investidores sociais privados estão preocupados com os resultados obtidos, as transformações geradas e a cumplicidade da comunidade com o desenvolvimento das ações sociais.

As empresas financiadoras são beneficiadas pela divulgação dos resultados desses projetos em seu balanço social. Segundo Léo Voigt,[38] eleito presidente do Gife em 2002, o investimento social privado:

---

[38] VOIGT, Léo. *Grupo de Institutos, Fundações e Empresas*. 2002.

> *Funciona com tecnologias inovadoras desenvolvidas por empresas de excelência e replicadas em projetos sociais.*
>
> *Significa a ampliação do diálogo com a comunidade, o aprendizado de métodos e processos próprios do terceiro setor.*
>
> *Mostra a empresa se reposicionando no mercado e na sociedade, e ganhando o respeito dos consumidores conscientes.*

O Gife baseia sua atuação no fortalecimento do terceiro setor, especialmente das organizações sociais de origem empresarial, no desenvolvimento de políticas públicas e em ações de seus associados, que vêm criando e aperfeiçoando suas práticas e tecnologia de investimento social privado.

Entre os associados do Gife estão empresas como a Natura Cosméticos, a Philips do Brasil, a Companhia de Gás de São Paulo (Comgas), o Banco Real ABN AMRO, fundações como Abrinq, Acesita, Banco do Brasil, Belgo Mineira, Companhia Siderúrgica Nacional (CSN), Ford, Itaú Social, Kellogg, O Boticário, Odebrecht, Roberto Marinho, Vale do Rio Doce, Volkswagen, e institutos como Ayrton Senna, Embraer de Educação e Pesquisa, Gerdau, Holcim, Unibanco, Votorantim e Xerox.

Os associados do Gife destinam mais de R$ 700 milhões por ano a iniciativas que buscam a melhoria das condições de vida dos brasileiros, implementando ou apoiando ações, particularmente nas áreas de educação, cultura, saúde, meio ambiente, desenvolvimento comunitário e voluntariado.

O investimento social privado é o repasse voluntário de recursos privados (doação) de forma planejada, monitorada e sistemática para projetos sociais de interesse público. O investimento social privado é uma das várias facetas da responsabilidade social, não devendo, dessa forma, ser confundido com assistencialismo.

As empresas têm investido cada vez mais recursos em projetos sociais, mas procuram também resultados concretos para seus investimentos. As empresas procuram gerar um benefício à sociedade que possa ser divulgado para suas partes interessadas, justificando, dessa forma, o investimento feito.

A gestão de projetos de investimento social privado, incluindo o monitoramento das atividades executadas, tem de envolver equipes multidisciplinares de profissionais – assistentes sociais, pedagogos e educadores. Esse investimento resulta no crescimento e na maior profissionalização do terceiro setor, como parceiros ou gestores de projetos de investimento social privado no país.

Em 2004, o Gife lançou uma publicação com 100 páginas – o Guia Gife sobre parcerias e alianças em investimento social privado: um caminho estratégico, que avança na discussão e na qualificação do que é parceria. Em novembro de 2004, foi publicado o Censo Gife 2004, um levantamento estatístico sobre a atuação de seus associados, revelando que, nos últimos três anos, o repasse de recursos privados da rede Gife para a área social tinha crescido 30%, passando dos R$ 700 milhões. Em outubro de 2004, foi lançada uma segunda edição do Censo Gife com um amplo levantamento sobre origem, natureza, formas de atuação e abrangência das organizações que fazem parte da rede Gife. O destaque ficou por conta do crescimento da atuação na área de desenvolvimento comunitário, que passou do oitavo para o terceiro lugar, com 48% dos associados promovendo iniciativas nesse sentido.

O Censo Gife 2007 mostrou que o investimento social de suas 101 empresas, em 2007, tinha alcançado R$ 1,15 bilhão. As áreas em que as empresas mais atuam foram: educação, com 83%; formação para o trabalho, com 59%; cultura e artes, com 55%; geração de trabalho e renda, com 53%; e apoio à gestão do terceiro setor, com 53%. A faixa etária mais atendida foi a dos jovens.

No 5º Congresso Gife Sobre Investimento Social Privado, realizado de 2 a 4 de abril de 2008, em Salvador, Bahia, Anna Maria Peliano, pesquisadora do Ipea, apresentou uma pesquisa envolvendo 9 mil companhias no Brasil, que investiram R$ 5,3 bilhões em responsabilidade social em 2007. Revelou, entretanto, que 79% das empresas que realizaram investimento social não avaliaram os impactos gerados pelos recursos aplicados. Alertou que isso precisava ser corrigido, pois somente as empresas que avaliam a aplicação de seus recursos podem verificar se está valendo a pena o investimento, se recursos estão sendo bem geridos, se a ação está sendo boa para a imagem da empresa, e podem tomar ações corretivas para aprimorar pontos falhos. Como boa notícia, a maioria das empresas que avaliaram a aplicação de seus recursos estava satisfeita com os resultados. A quinta edição do Censo Gife 2009-2010, sobre o estado do investimento social privado no Brasil, já foi publicada.

O Gife lançou, em 2012, o Código de conduta para gestão de investimentos de fundos patrimoniais e organizações sem fins lucrativos.

Planejamento estratégico

De forma muito resumida, as etapas de elaboração de um planejamento estratégico para a responsabilidade social empresarial são:

- refletir sobre a cultura da organização;
- organizar um grupo de trabalho;
- definir a política de RSE da empresa.

A definição do modelo de gestão da responsabilidade social empresarial requer uma análise da missão e da visão da empresa, e de suas prioridades institucionais. Para tal, é necessário verificar se a empresa:

- executa alguma atividade que possa ser prejudicial às pessoas e ao meio ambiente;
- desenvolve ações de responsabilidade social, como programas de ação social na comunidade;
- tem uma política de recursos humanos;
- tem trabalho voluntário voltado para ações sociais.

O grupo de trabalho deve funcionar como um fórum de ideias, de aprendizado e de planejamento, deve analisar os programas sociais bem-sucedidos de outras empresas e identificar as forças e as habilidades da empresa para o desenvolvimento de ações de responsabilidade social. Além disso, se possível, deve incluir representantes de todos os setores e escalões hierárquicos da empresa e deve ser multidisciplinar. Os membros do grupo de trabalho devem demonstrar interesse em participar das atividades propostas e ter disponibilidade para executar tarefas fora do horário normal de trabalho.

Após a aprovação do plano de ação sugerido pelo grupo de trabalho, a empresa deve definir os recursos financeiros, materiais e humanos para a implantação desse plano. Algumas empresas criam institutos ou fundações para atuar como seus braços sociais. Algumas empresas estabelecem parcerias para somar esforços com outras empresas, com órgãos públicos e com a sociedade civil, visando viabilizar a implantação de projetos maiores ou possibilitar que os projetos e as atividades beneficiem um maior número de pessoas.

A maioria dos membros do Gife são institutos ou fundações de empresas públicas e privadas. As federações estaduais da indústria criaram conselhos empresariais para a RSE, e muitas empresas privadas criaram conselhos consultivos, formados por pessoas de renome na área, incluindo seus funcionários.

Disseminação

As grandes empresas estão influenciando as médias e as pequenas empresas a adotarem ferramentas de gestão de responsabilidade social, promovendo, dessa forma, a disseminação dessa prática. Esse fato tem proporcionado o crescimento de organizações sociais que obtêm recursos por meio de projetos.

Mesmo no âmbito governamental, as ações sociais estão sendo cada vez mais projetadas e gerenciadas por meio de programas e projetos. Cresce também, todos os anos, o número de instituições que financiam projetos sociais e oferecem capacitação nessa área. Cresce também o nível de exigência quanto à qualidade da ação social.

Como os recursos são escassos, e a demanda é muito elevada, cada vez mais é importante a gestão eficaz, eficiente e efetiva dos projetos sociais.

Avaliação

A gestão e a avaliação de projetos sociais são, geralmente, mais difíceis, pois os aspectos qualitativos tendem a prevalecer sobre os aspectos quantitativos. Na medida do possível, o objetivo e as metas do projeto (melhoria da qualidade de vida, promoção da cidadania...) devem ser definidos de forma a possibilitar a verificação de seus resultados.

Algumas agências de cooperação desenvolveram metodologias de planejamento e de gerência de projetos aplicáveis para projetos sociais. Merecem destaque dois exemplos que, em um certo sentido, aproximam-se. De um lado, a GTZ, agência de cooperação internacional do governo alemão, desenvolveu o método ZOPP, que significa planificação de projetos orientada para objetivos; quase ao mesmo tempo, a Usaid desenvolveu um instrumento semelhante por nome Logical Framework (Estrutura Lógica). Ambos oferecem conceitos e uma abordagem prática, úteis para a formulação de projetos sociais, contendo elementos e instrumental que também contribuem para a gerência da implementação e da avaliação. Tanto o ZOPP quanto o Logical Framework classificam-se como instrumentos de gerência de projetos.

A gestão profissional de projetos pode ser aplicada a empreendimentos de qualquer complexidade, a qualquer tipo de negócio, incluindo os projetos de responsabilidade social empresarial. Com a gestão profissional de projetos, os seguintes benefícios podem ser alcançados:

- controle efetivo de prazo, custo e recursos;
- eficácia na integração e nas comunicações necessárias durante todo o projeto;
- monitoração e controle dos riscos e da qualidade do projeto;
- retorno do investimento com entrega conforme especificação.

Controlar prazo, custo e recursos permite a identificação prévia de desvios e imediata tomada de ações corretivas ou proativas, podendo, inclusive, resultar em possíveis reduções.

Casos de responsabilidade social

Instituto Ethos

Grande parte do interesse e da adesão das empresas brasileiras por ações de responsabilidade social é devido à criação, em 1998, do Instituto Ethos de Empresas e Responsabilidade Social. Contando, inicialmente, com a adesão de apenas 16 empresas, um ano depois, o Instituto Ethos contava com 138 associados. Em 2005, o Instituto Ethos tem a adesão de 1.008 pequenas, médias e grandes empresas. Oded Grajew,[39] ex-presidente do Instituto Ethos, afirma que "Como a adesão é voluntária, o número de empresas representa o termômetro da percepção de gestão responsável por parte do setor privado".

Com o crescimento do número de empresas brasileiras que praticam atividades de responsabilidade social, é uma tarefa difícil selecionar alguns casos para exemplificar. A revista *Exame*, da Editora Abril, publicou, em dezembro de 2004, o Guia Exame 2004 de Boa Cidadania Corporativa, que lista 800 ações sociais, as quais totalizaram um investimento de R$ 880 milhões, nas áreas de criança e adolescente, cultura, educação, saúde, geração de renda, meio ambiente, terceira idade, financiamento de projetos e portadores de deficiência. Dos 1.178 projetos sociais analisados, desenvolvidos ou apoiados por empresas, foram selecionados nove como destaques em suas respectivas categorias.

O Guia Exame 2004 selecionou, entre as 256 empresas que responderam ao questionário com indicadores sociais elaborados em conjunto com o Instituto Ethos, após cinco meses de análises, 10 empresas como empresas-modelo de 2004: Pão de Açúcar, Acesita, Natura, Suzano, Belgo, Unilever, Itaú, Basf, CPL e Perdigão. Essas 10 empresas – seis das quais controladas por empresários brasileiros – investiram entre 2% e 0,02% de seu faturamento bruto em projetos sociais. As 10 empresas-modelo de 2004 juntas faturaram R$ 58,4 bilhões em 2003, geraram um total de 173 mil empregos e investiram R$ 340 milhões em projetos sociais – investimento médio de 0,48% do faturamento bruto. Dessas 10 empresas, duas – Belgo e Natura – estiveram presentes nas cinco edições do Guia Exame de Boa Cidadania Corporativa.

Outros casos podem ser encontrados no Guia Exame 2004 de Boa Cidadania Corporativa. Um estudo de caso bem detalhado sobre as atividades de responsabilidade social da Companhia Siderúrgica de Tubarão pode ser encontrado na publicação *Responsabilidade social das empresas – a contribuição das universidades*, volume 3.

Em 2010, a *Exame* lançou uma edição com as 20 empresas-modelo em responsabilidade socioambiental no Brasil.

---

[39] GRAJEW, Oded. *Instituto Ethos*, 2005. Disponível em: <www.ethos.org.br>.

Johnson

A sede mundial das empresas SC Johnson fica em Racine, Wisconsin, nos Estados Unidos. Em 1996, a cidade sofria dos mesmos problemas de muitas cidades industriais americanas de porte médio: altos índices de criminalidade, desemprego, mau desempenho das escolas públicas e altos índices de poluição.

Com esse quadro, Racine deixava de ser atraente para novas empresas e jovens talentos, e as fábricas existentes se esvaziavam, resultando em terrenos e imóveis vazios.

A família norte-americana que está por detrás da Johnson começou, em 1886, com Samuel Curtis Johnson, que, aos 53 anos, resolveu começar no negócio de fábrica de soalhos com quatro empregados em uma cidade de província no estado norte-americano do Wisconsin. Samuel comprara a Racine Hardware Company, onde trabalhara quatro anos como vendedor de soalhos.

E foi a partir de Racine – assim chamava-se a cidadezinha no mais puro Midwest norte-americano – que esse negócio passou dos soalhos para a cera, ganhou audiência nacional, em 1888, com um anúncio no *The Saturday Evening Post*, estendeu-se depois à limpeza de automóveis quando começou a era dos motores da estrada no princípio do século XX, internacionalizou-se desde a primeira década do século passado e se diversificou desde meados dos anos 1950, começando pelos inseticidas.

A história da família, entretanto, aproximou-se do Brasil por razões que o leitor não adivinhará logo. Um dos ingredientes-chave da cera da Johnson vem de umas palmeiras brasileiras, o que levou a família a investir na selva brasileira e a criar uma mitologia em torno de uma primeira viagem em anfíbio, nos anos 1930, tripulada pelo neto do fundador, voando mais de 20 mil milhas de Milwaukee até Fortaleza, no Ceará, à procura da carnaúba – a árvore da vida para os índios brasileiros. O Brasil é um exportador de cera extraída das folhas de carnaúba, ou árvore do caraná, na língua tupi. A revista *Time* contaria o episódio, em outubro de 1935, como uma caçada à cera.

Em 1996, pesquisas do conselho para o desenvolvimento sustentável da Presidência dos Estados Unidos sobre programas de sustentabilidade local revelaram que a cidadania energizada e engajada – e não as autoridades públicas locais – era o principal vetor da mudança de atitude das comunidades para melhor.

Baseada em experiências similares em outras cidades dos Estados Unidos, a SC Johnson promoveu o movimento local Racine Sustentável. Esse movimento acabou se convertendo em uma organização com o objetivo de promover o engajamento cívico de um modo geral e de cada cidadão em especial para transformar Racine em um lugar melhor para se viver.

Em um ano, foram desenvolvidas a visão comunitária em longo prazo, as principais prioridades locais e os planos de ação específicos. Em seguida, partiu-se para sua implementação, com o apoio e a participação de amplo espectro de pessoas interessadas – *stakeholders* –, representando a diversidade da comunidade.

Em 2002, pela primeira vez em duas décadas, os professores e os pais de alunos estavam trabalhando juntos para melhorar o desempenho dos alunos e o treinamento dos professores. Os índices de imóveis comerciais vagos no centro da cidade de Racine caíram de 46% para 18%.

Terranova

A Terranova é uma empresa de produtos florestais do GrupoNueva, que opera no Chile. A empresa construiu um centro de treinamento e desenvolvimento para oferecer cursos em vários ofícios para adultos de Cabrero, comunidade de 15 mil habitantes no sul do Chile. Nas áreas rurais adjacentes, vivem outras pessoas. A comunidade é de baixa renda e muitos de seus habitantes adultos não completaram os estudos.

Os cursos oferecidos foram selecionados de acordo com as necessidades da comunidade, visando dar condições para os habitantes locais encontrarem emprego e, consequentemente, melhorarem sua renda. Quatro tipos de ofícios começaram a ser oferecidos em abril de 2001. No final do ano, já eram oferecidos oito ofícios. Paralelamente, são oferecidos cursos de matemática, desenvolvimento pessoal, dicção, desenvolvimento sustentável, segurança e educação ambiental.

A metade dos alunos é composta de mulheres, que têm a opção de fazer o curso durante o dia, enquanto os filhos estão na escola. As pessoas que trabalham podem fazer os cursos à noite.

O projeto estimula o trabalho voluntário de profissionais da comunidade – cerca de 20% dos professores voluntários são empregados da Terranova de todos os níveis hierárquicos, desde a alta gerência até os que atuam, diretamente, nas operações florestais. Os cursos são praticamente de graça e a empresa fornece infraestrutura para o centro, inclusive quatro áreas para seminários, biblioteca e auditório com 50 lugares.

Volkswagen

A Volkswagen – empresa com 324.402 funcionários em 2000 – iniciou, em setembro de 1999, o projeto Uma Hora para o Futuro, de atendimento às crianças de rua, em parceria com uma organização de direitos das crianças – Terre des Hommes. O projeto tem por objetivo fornecer apoio financeiro contínuo e duradouro a projetos voltados para crianças de rua, dirigidos por programas e instituições locais situados nas cercanias das unidades da Volkswagen no México, no Brasil, na África do Sul e na Alemanha.

O objetivo do projeto era estimular todos os empregados das fábricas alemãs da Volkswagen a doar, todos os anos, o equivalente a uma hora de trabalho ao projeto. Os índices de participação, em 1999, foram muito altos e as fábricas fora da Alemanha aderiram à campanha.

Em 2000, a campanha foi repetida, estimulando os empregados a fazer doações regulares para garantir o apoio duradouro aos projetos. Muitos fornecedores, parceiros, empregados aposentados da Volkswagen, vários clubes e grupos de ação também começaram a participar das doações regulares. No início de 2001, as doações ultrapassaram US$ 1,9 milhão.

Dentro do projeto Uma Hora para o Futuro, criado pelo Comitê Mundial dos Trabalhadores da Volkswagen, com o apoio da empresa, os trabalhadores da Volkswagen da moderna fábrica de São José dos Pinhais, no Paraná, doaram, de forma voluntária, em 2010 e 2011, o equivalente a uma hora de seu trabalho para beneficiar o Patronato Santo Antônio, instituição daquele município que oferece a mais de 700 crianças e jovens cursos profissionalizantes, reforço socioeducativo, oficinas culturais, atividades esportivas, entre outros. A adesão dos empregados na unidade de São José dos Pinhais foi superior a 99%.

Esse programa já beneficiou outras entidades do Paraná e as vítimas das enchentes em Santa Catarina, em 2009. O profissional da Volkswagen que adere ao programa de forma voluntária tem a última hora de trabalho do ano descontada na folha de pagamentos, com a devida autorização de cada colaborador. O valor é destinado a entidades assistenciais que auxiliam comunidades de baixa renda.

Natura

A Natura – maior fabricante de cosméticos do Brasil, com um faturamento de R$ 1,9 bilhão em 2003, emprega 3 mil funcionários e 433 mil consultoras – localiza-se no município de Cajamar, São Paulo, e está presente em mais de 5 mil municípios brasileiros. A empresa possui unidades internacionais localizadas na Argentina, no Chile, no Peru, no México e na França. A Natura decidiu que a responsabilidade social seria uma das marcas associadas à estratégia dos negócios da empresa.

Em 2004, a Natura criou o Fundo para o Desenvolvimento Sustentável Local, que recebe um percentual das vendas de produtos fabricados com matérias-primas dos fornecedores alternativos – grupos ligados a moradores de regiões ribeirinhas, seringueiros, produtores de castanhas e índios. O objetivo da Natura é incentivar comunidades extrativistas, ribeirinhas, quilombolas e indígenas a organizarem cooperativas, estimulando o desenvolvimento sustentável. No final de 2003, cerca de 670 famílias estavam envolvidas em um programa de certificação de ativos para castanha-do-pará, breu-branco e copaíba.

O projeto de relacionamento da Natura com fornecedores de matérias-primas de regiões carentes na Amazônia já foi tema de trabalhos apresentados na escola de negócios da Universidade de Harvard. O projeto Desenvolvimento Sustentável junto às Comunidades Fornecedoras de Matérias-Primas Vegetais de Origem Agrícola e Florestal atinge os estados de Rondônia, Pará e Amazonas, com um investimento anual de R$ 236 mil.

O principal projeto visa o envolvimento das 375 mil consultoras, responsáveis pela venda dos produtos da marca, nos projetos sociais desenvolvidos pela Natura. Em parceria com o Ministério da Educação, a empresa passou a incentivá-las a trazer de volta aos bancos escolares pessoas na faixa de 18 a 25 anos que, por algum motivo, tiveram de interromper os estudos. As consultoras, dispondo de um cadastro nacional, podem indicar, a partir de qualquer cidade do país, qual o centro de educação de jovens e adultos mais próximo da residência do interessado. O projeto piloto foi desenvolvido em Cajamar e em Ribeirão Preto, em São Paulo, e no estado de Goiás, quando foram avaliados fatores como adesão, dificuldades e estratégia de comunicação.

A seguir, citaremos outros projetos:

- Natura Educação em São Paulo e Cajamar (SP), com investimento anual de R$ 299 mil, para apoio financeiro a cursos universitários, técnicos, supletivo e de idiomas para funcionários e seus filhos, e pessoas da comunidade;
- Crer para Ver, sendo implantado em 21 estados com investimento anual de R$ 2,5 milhões. O projeto, criado em 1995 e realizado em parceria com a Fundação Abrinq, arrecada recursos por meio da venda de produtos da marca Crer para Ver. Já levantou, até 2004, cerca de R$ 15 milhões, que permitiram o financiamento de 146 projetos educacionais;
- Gente Bonita de Verdade na Comunidade, implantado em Cajamar e Itapecerica da Serra (SP), com investimento anual de R$ 55 mil. Funcionárias voluntárias ensinam as mães que acabaram de ter filhos a fazer massagem nos bebês e a maquiar-se, para aumentar a autoestima das mulheres e para estreitar as relações com a comunidade em torno da empresa;
- Oficinas de Automaquiagem, implantado em São Paulo e Ribeirão Preto (SP), Rio de Janeiro, Porto Alegre, Belo Horizonte, Belém, Cuiabá e São Luiz (MA), com investimento anual de R$ 72 mil. Cerca de 140 consultoras voluntárias realizam oficinas de automaquiagem em hospitais e em instituições de saúde, para melhorar a autoestima de mulheres fragilizadas por doenças como o câncer. Em 2003, foram realizados 1.800 atendimentos e 120 oficinas;
- Barracões Culturais da Cidadania, implantado em Itapecerica da Serra, com investimento anual de R$ 60 mil. O projeto oferece espaços de convivência, participação e criação artística a moradores de diversos bairros, especialmente jovens, para ampliar e valorizar a cul-

tura local por meio de oficinas de arte e cultura e ações de exercício da cidadania.

Como exemplo desse percentual, todos os cosméticos que levam castanha-do-pará em sua composição devem gerar renda para fornecedores do interior do Amapá.

A Natura está hoje na vanguarda mundial da responsabilidade social, ao lado de nomes como a inglesa The Body Shop e a rede de cafeterias americana Starbucks. O relatório anual da Natura conquistou o Prêmio Balanço Social, destaque nacional em 2002, e na categoria Estado de São Paulo em 2003 e 2004. O documento também foi premiado, em 2003, pela Associação Brasileira das Companhias Abertas (Abrasca) e pela Associação Brasileira de Comunicação Empresarial (Aberje). O *ranking* da Sustain Ability, realizado de dois em dois anos desde 1994, elegeu, no ano de 2004, 50 empresas de todo o mundo com relatórios anuais considerados eficientes na integração de informações financeiras, sociais e ambientais. A Natura é a única brasileira na lista.

Na elaboração do balanço social, a empresa adota integralmente o modelo proposto pela Global Reporting Initiative (GRI), instituição internacional que visa desenvolver e disseminar um modelo de comunicação sobre os impactos econômicos, sociais e ambientais dos negócios. Além disso, segue recomendações do Instituto Ethos de Empresas e Responsabilidade Social, para ações de responsabilidade corporativa.

Para o diretor de Assuntos Corporativos da Natura, Rodolfo Guttilla,[40] o mercado reconhece as melhores práticas de governança corporativa e premia as empresas que as adotam:

> *Usamos o modelo da ISO 14000, com diagnóstico, priorização, plano de ação e indicadores de resultados. O benefício – das práticas sociais e ambientalmente responsáveis – é muito superior ao custo, inclusive do ponto de vista financeiro.*

---

[40] GUTTILLA, Rodolfo. *Natura*, 2004.

Em 26 de maio de 2004, a Natura abriu seu capital em operação bem-sucedida na Bolsa de Valores de São Paulo. Até o dia 14 de janeiro de 2005, por exemplo, a valorização das ações da companhia foi de 91,8%.

A nova fábrica da Natura em Benevides, no Pará, é um exemplo da visão de negócio sustentável. O empreendimento assim como o modelo de negócio foi pensado e discutido com 2,5 mil famílias que cultivam os óleos vegetais e, portanto, são produtoras de matéria-prima para a empresa. Ao comprar diretamente desses pequenos produtores, incorporando-os como parceiros efetivos do negócio, a Natura reduz custos, controla a biodiversidade local, promove a inclusão social e desenvolve a região com baixo Índice de Desenvolvimento Humano (IDH).

Além disso, a Natura lançou, em 2007, o programa Natura Carbono Neutro, para promover uma redução contínua e significativa de suas emissões de Gases do Efeito Estufa (GEE) e amenizar o impacto causado por suas atividades. O programa atua em toda a cadeia produtiva da empresa, desde a matéria-prima até a destinação pós-consumo.[41]

Belgo

O Conglomerado Belgo – com sede em Belo Horizonte – é um dos maiores grupos privados do país, com atuação nas áreas de siderurgia, trefilaria, florestal, geração de energia elétrica e serviços. Acreditando que, para obter a sustentabilidade, é preciso que toda a cadeia de negócios tenha políticas ambientais e sociais alinhadas, a Belgo implantou um projeto de disseminação das melhores práticas sociais e ambientais.

O primeiro passo foi escolher um grupo de clientes e de fornecedores para participar do projeto. O resultado foi surpreendente: dos 24 fornecedores e 22 clientes convidados, 22 e 15, respectivamente, aceitaram participar. A Belgo contratou uma consultoria especializada para dar apoio aos participantes do projeto.

A partir dos primeiros encontros, com a ajuda de funcionários da Fundação Belgo e da consultoria, os clientes e os fornecedores foram orientados a avaliar seu nível de responsabilidade corporativa: princí-

---

[41] Mais informações sobre esse programa podem ser obtidas no *site* <scf.natura.net/Conteudo/Default.aspx?MenuStructure=4&MenuItem=29>.

pios éticos, relacionamento com funcionários, fornecedores, clientes, comunidades, governo e meio ambiente. Terminados os diagnósticos, todas as empresas elaboraram planos de ação. Em 2004, a Belgo investiu R$ 400 mil no projeto.

As empresas Belgo contam com cerca de 7 mil empregados distribuídos em 12 organizações, além de instituições internas e da Fundação Belgo, responsável pela atuação social do Conglomerado. A partir de 2002, a Belgo faz parte do maior grupo siderúrgico do mundo, Arcelor, resultado da união da Arbed, de Luxemburgo, Usinor, da França, e Aceralia, da Espanha. Em 2003, a receita líquida consolidada das empresas Belgo alcançou R$ 3,8 bilhões.

Na área de projetos sociais, a Belgo implantou, em 1999, o programa Cidadãos do Amanhã, que usa incentivos fiscais previstos em lei para direcionar parte do imposto de renda da empresa, dos funcionários, de familiares e de fornecedores, para fundos da infância e da adolescência. O programa está sendo implantado em municípios de Minas Gerais, Espírito Santo, São Paulo e Bahia, com investimento anual de R$ 1,2 milhão. Incentiva funcionários e familiares a desenvolver trabalhos voluntários. No total, mais de mil pessoas contribuem para 59 entidades, que cuidam de quase 20 mil crianças e adolescentes. A Belgo contribui financeiramente para viabilizar as ações desenvolvidas em cada entidade. Desde então, o programa já foi reproduzido por mais de 10 empresas em todo o país, como a Vale do Rio Doce, a Telemig Celular e o Banco Real, atualmente, Banco Santander. Você pode ler mais a respeito no *site* da Belgo <www.belgomineira.com.br>. Veja, a seguir, outros projetos da Belgo:

- Ensino de qualidade, implantado em João Monlevade (MG), com um investimento anual de R$ 100 mil. Tem por objetivo proporcionar melhorias no ensino fundamental, apoiando a gestão das escolas públicas em ações suplementares e de cultura. Inclui sete escolas e duas creches, com 7.800 alunos e 2.500 famílias;
- Rede colaborativa, em Sabará (MG), com investimento anual de R$ 370 mil. Um grupo de trabalho da empresa participa da constituição da rede, que tem como objetivo a melhoria da qualidade de vida de crianças e de adolescentes em situação de risco social. A ini-

ciativa nasceu de uma parceria entre o poder público e a sociedade civil, incluindo empresas e ONGs;
- Circuito ambiental, implantado em Piracicaba (SP), Vespasiano, Itaúna, Sabará, Santos Dumont e Juiz de Fora (MG), com investimento anual de R$ 166 mil. O objetivo é estimular a formação de hábitos, conceitos e valores ligados ao desenvolvimento sustentável. Participam das atividades alunos e educadores de 123 escolas. Foi criado o *site* <www.plantandoofuturo.com.br>, com informações sobre as cidades que estão em sua área de abrangência;
- Ouvir bem para aprender melhor, em oito municípios de São Paulo, Espírito Santo e Minas Gerais, com investimento anual de R$ 117 mil. O projeto avalia a acuidade auditiva de alunos da primeira à quarta série do ensino fundamental de 27 escolas públicas. Em 2003, foram examinados quase 10 mil estudantes e 41 receberam próteses auditivas. São realizados também procedimentos clínicos;
- Sempre Sorrindo, em Piracicaba (SP), com investimento anual de R$ 100 mil, funciona em escolas públicas e é desenvolvido em duas fases – preventiva e curativa. O objetivo é diminuir a incidência de problemas dentários em alunos da primeira à quarta série;
- Raízes, implantado em 13 municípios, com investimento anual de R$ 303 mil. Promove oficinas, mostras, turnês e fórum, com o objetivo de qualificar e profissionalizar artistas locais, promovendo o desenvolvimento sociocultural das cidades em que a companhia atua. Em 2004, o programa beneficiou cerca de 22 mil pessoas;
- Trilhas da Cultura – Circuito Belgo, implantado em 15 municípios, com investimento anual de R$ 2,9 milhões. O programa investe na difusão da música, do teatro, da dança, das artes circenses, da ópera e de outras formas de expressão artística por meio de espetáculos, oficinas de capacitação de professores e mobilização da população para participar dos eventos culturais que beneficiam cerca de 148 mil pessoas.

Alguns resultados parciais já divulgados do projeto de disseminação das melhores práticas sociais e ambientais da Belgo:

- entre os fornecedores, a Voal – pequena empresa do interior de São Paulo, que transporta sucata e vergalhões – adaptou suas instalações

para receber portadores de deficiência, passou a oferecer ginástica laboral e a fazer coleta seletiva do lixo;
- entre os clientes, a Engemet – fabricante de peças para montadoras – organizou uma horta comunitária, um grupo de voluntariado e criou um manual de práticas para seus fornecedores.

Pão de Açúcar

Convencido de que manter um diálogo transparente com os consumidores é crítico para seu desenvolvimento empresarial sustentável, o Grupo Pão de Açúcar está à frente de muitas empresas no exercício da cidadania empresarial. O Instituto Pão de Açúcar de Desenvolvimento Humano, fundado no final de 1998, é o agente de responsabilidade social do Grupo Pão de Açúcar. A educação e as relações comunitárias são os focos prioritários de investimento. Por meio de programas de educação e das relações comunitárias, o instituto estabeleceu uma estratégia de atendimento que inclui os jovens e suas comunidades.

O Instituto Pão de Açúcar de Desenvolvimento Humano estimula e mobiliza ainda a participação de funcionários e de familiares em suas ações sociais. Os programas têm como objetivo comum a educação do indivíduo e o desenvolvimento de competências que vão além da educação formal, como a música e a arte.

As ações de qualificação educacional têm duas estratégias de operação: as Casas do Instituto Pão de Açúcar e as parcerias com instituições sociais da comunidade. As casas são núcleos educacionais com salas de aulas, laboratórios de informática e espaço de convivência. Elas reproduzem um conceito de referência e de segurança para as crianças e adolescentes. No total, já são sete casas – em São Paulo, Osasco, São Caetano do Sul, Santos, Rio de Janeiro, Fortaleza e Brasília – e nove entidades parceiras em funcionamento.

O Pão de Açúcar foi a empresa-modelo de 2004 do Guia Exame de Boa Cidadania Corporativa, pois apresentou o maior percentual do faturamento bruto investido em projetos sociais – 2%. Além das atividades desenvolvidas nas sete casas e nas entidades parceiras – que recebiam, em 2003, cerca de 3 mil alunos –, o instituto firmou parcerias com órgãos públicos para replicar, em escala, seus programas. Assim, em quatro escolas geridas pela Prefeitura de São Paulo, o instituto ensina música clássica para 320 alunos.

Em 2002, o Pão de Açúcar criou a Casa do Cliente, onde trabalham 85 funcionários, encarregados de fazer contato por telefone, *e-mail, chat* ou pessoalmente com mais de 50 mil clientes por mês. Os fornecedores também são ouvidos pelo Grupo.

O programa Caras do Brasil, criado em 2003, tem por objetivo fazer com que cooperativas e associações de pequenos produtores de todo o país tenham espaço para suas mercadorias nas gôndolas da rede.

No final de 2004, cerca de 50 fornecedores de 16 estados estão incluídos no programa. Nesse mesmo período, o presidente do grupo, Augusto Cruz,[42] declarou sobre a política de responsabilidade social do Pão de Açúcar: "Começamos fazendo aquilo que é básico, mas ainda não é regra para muitas empresas – pagando impostos. Hoje temos uma atuação que inclui todos que, de alguma forma, têm relação com nosso negócio".

Vejamos outros projetos a seguir:

- Escola Vai ao Extra, em Goiânia (GO), Sorocaba (SP), Niterói e Rio de Janeiro (RJ), com investimento anual de R$ 400 mil, e atendeu até o final de 2004 cerca de 30 mil jovens. A visita às lojas faz parte de atividade extraclasse, que busca associar o conteúdo pedagógico dos cursos regulares a uma vivência de campo. Aborda temas como ecologia, cidadania e consumo consciente;
- Pão de Açúcar Kids, em São Paulo (SP), com investimento anual de R$ 1,1 milhão, tem por objetivo incentivar o consumo consciente, abordando temas como cidadania, ecologia, alimentação saudável e recreação. Três lojas atendem a 160 escolas, com mais de 6 mil crianças;
- Educação para o Desenvolvimento Humano – Qualificação Educacional e Preparação Profissional, em Brasília (DF), Fortaleza (CE), Rio de Janeiro (RJ) e quatro municípios paulistas, com investimento anual de R$ 236 mil. O programa é baseado em educação com qualidade, participação das famílias e formação de alunos como agentes de transformação. Atende a filhos de trabalhadores, de sete a 18 anos, com renda média mensal de R$ 850, oferecendo complementação escolar, música, esporte, cultura e noções de cidadania;

---

[42] CRUZ, Augusto. 2004.

- Para Todos, sendo implantado inicialmente em São Paulo (SP) e Campo Grande (MS), com um investimento de R$ 520 mil, para efetuar mudanças no *layout* das lojas e facilitar o acesso de portadores de deficiência. Os funcionários são treinados para dar atendimento a este grupo.

O Grupo Pão de Açúcar administra quatro divisões: os supermercados Pão de Açúcar e Comprebem Barateiro, os hipermercados Extra, e as lojas de eletroeletrônicos Extra Eletro, além do comércio eletrônico Pão de Açúcar Delivery e Extra.com. Em dezembro de 2003, eram 497 lojas, 55.635 funcionários em 12 estados do Brasil. Em 2004, incorporou os Supermercados Sendas e, em novembro de 2004, o Grupo tinha 554 pontos de venda. Nessa ocasião, o Grupo tinha cerca de 60 mil postos de trabalho, sendo mil deles destinados a pessoas com mais de 60 anos.

Os programas desenvolvidos pelo Instituto Pão de Açúcar de Desenvolvimento Humano – atualmente, 11 – são coordenados e administrados pelo próprio Instituto. Para colocá-los em prática, em determinados casos, são feitas parcerias com organizações especializadas tanto para a definição estratégica dos programas quanto para a implementação e manutenção.

Banco do Brasil

Vejamos exemplos de projetos de responsabilidade social implantados pelo Banco do Brasil:

- BB Educar, implantado em todo o país, com investimento anual de R$ 5,6 milhões. Objetiva o combate ao analfabetismo e cria condições para a inclusão dos alfabetizados no ensino fundamental ou em cursos supletivos. Em 2004, 5 mil pessoas estavam sendo beneficiadas;
- Escola Campeã, implantado em 47 municípios, com investimento anual de R$ 3,7 milhões. Objetiva reduzir os índices de evasão escolar, repetência e analfabetismo. Em parceria com o Instituto Ayrton Senna, o programa é voltado para gestores municipais de educação e dirigentes escolares;

- Inclusão Digital, implantado em todo o país, com investimento anual de R$ 4 milhões. Objetiva a doação de 58 mil computadores para a implantação de telecentros em instituições sociais e conselhos tutelares. O banco se responsabilizava pela coordenação e monitoramento dos 62 telecentros instalados até dezembro de 2004;
- Programa Adolescente Trabalhador, implantado em todo o país, com investimento anual de R$ 39,5 milhões. Visa à capacitação, em serviços bancários, de menores que estejam cursando a sétima série e que tenham renda familiar inferior a meio salário mínimo por pessoa. As aulas práticas são dadas sob a orientação de funcionários voluntários do banco e, para as aulas teóricas, o Banco firmou convênio com 481 entidades assistenciais.
- Memória, presente em 630 municípios, com investimento anual de R$ 1,8 milhão. Visa resgatar, difundir e preservar a memória de fatos e de personalidades que tenham contribuído para formar a identidade cultural do Brasil, promovendo exposições, edição de livros, produção de documentários e distribuição de material pedagógico em escolas;
- Banco de Tecnologias Sociais, implantado em todo o país, com investimento anual de R$ 1,7 milhão. É um programa voltado para a disseminação de tecnologias de baixo custo e fácil aplicação para problemas sociais nas áreas de alimentação, demanda de água, renda, energia, saúde, educação e meio ambiente. O Banco é uma base de dados – disponível no *site* da Fundação Banco do Brasil – contendo informações sobre tecnologias cadastradas por meio do Prêmio Fundação Banco do Brasil de Tecnologia Social, que oferece R$ 350 mil para as melhores práticas, e que, em sua primeira edição, certificou 128 soluções sociais.

Papel do sistema financeiro

Mudança na atitude do setor financeiro

Nas duas últimas décadas, assistimos a uma significativa mudança na atitude do setor financeiro em relação aos aspectos ambientais e sociais. No início dos anos 1980, o Pnuma formou um grupo com instituições financeiras internacionais para discutir como lidar com as questões ambientais.

O grupo era formado, inicialmente, pelo Banco Mundial, Banco Interamericano de Desenvolvimento e vários bancos de desenvolvimento regionais – África, Ásia. Desse grupo, surgiu a exigência de Estudos de Impacto Ambiental (EIA) para o financiamento de projetos de desenvolvimento.

A Iniciativa Financeira do Pnuma – conhecida como Unep FI – é uma parceria global entre o Pnuma e o setor financeiro internacional. Sua missão é identificar, promover e concretizar a adoção das melhores práticas ambientais e de sustentabilidade em todos os níveis de operação das instituições financeiras. Sem dúvida, as grandes instituições financeiras do mundo aceitaram essa missão. A Unep FI é formada por mais de 200 instituições financeiras – bancos, seguradoras e fundos de investimento – que trabalham com o Pnuma para analisar os impactos das questões ambientais e sociais sobre a performance financeira.

As instituições participantes são signatárias de uma das Declarações do Unep FI – Unep FI Statements: a Declaração do Pnuma pelas Instituições Financeiras sobre Meio Ambiente e Desenvolvimento (Unep Statement by Financial Institutions on Environment and Sustainable Development), ou a Declaração do Pnuma de Compromisso Ambiental para a Indústria de Seguros (Unep Statement of Environmental Commitment for the Insurance Industry).

Entre as 200 instituições participantes, estão:

- Banco Nacional de Desenvolvimento Econômico e Social (BNDES), Brasil;
- ABN AMRO Bank, Holanda;
- Bank of America e Citigroup, Estados Unidos;
- Barclays Group, HSBC e Lloyds TSB Group, Reino Unido;
- Swiss Reinsurance Company (Swiss Re), Suíça.

Protocolo Verde

O Protocolo Verde é um documento produzido por um grupo de trabalho instituído por um decreto federal em 29 de maio de 1995. Contém diretrizes, estratégias e mecanismos operacionais para a incorporação da variável ambiental no processo de gestão e de concessão de crédito oficial e benefícios fiscais às atividades produtivas. Seu objetivo era criar mecanismos que evitassem a utilização de créditos oficiais e benefícios fiscais em atividades prejudiciais ao meio ambiente.

A Lei nº 6.938/81,[43] que instituiu a Política Nacional do Meio Ambiente, estabeleceu que:

> *As entidades e órgãos de financiamento e incentivos governamentais condicionarão a aprovação de projetos habilitados a esses benefícios ao licenciamento, na forma da lei, e ao cumprimento das normas, dos critérios e dos padrões expedidos pelo Conama.*

Para aqueles que não cumprissem essas determinações, a lei previa: "a perda ou restrição de benefícios fiscais concedidos pelo Poder Público, em caráter geral ou condicional, e a perda ou suspensão de participação em linhas de financiamento em estabelecimentos oficiais de crédito".[44]

O grupo de trabalho foi formado por representantes:

- dos ministérios do Meio Ambiente, da Fazenda, do Planejamento e Orçamento, da Agricultura;
- do Banco Central, Banco do Brasil, Banco da Amazônia, Banco do Nordeste;
- do BNDES;
- da Caixa Econômica Federal;
- da Comissão Econômica para a América Latina e o Caribe.

O grupo foi coordenado pelo presidente do Instituto Brasileiro do Meio Ambiente e dos Recursos Naturais Renováveis (Ibama).

---

[43] BRASIL. Congresso Nacional. Lei nº 6.938/81, de 31 de agosto de 1981. Brasília, DF. Disponível em: <www.planalto.gov.br/ccivil_03/leis/l6938.htm>. Acesso em: 22 ago. 2012.
[44] Ibid.

A política de financiamentos socioambientais do Banco Real (ABN AMRO), atual Banco Santander, baseada nos Princípios do Equador, tem como um de seus objetivos ficar sempre atenta a possíveis passivos ambientais relacionados ao cliente. A política engloba todos os setores econômicos, desde empresas multinacionais até firmas médias (inclui firmas com faturamento abaixo de R$ 20 milhões por ano: frigoríficos, madeireiras, postos de combustíveis, galvanoplastia, gráficas, metalúrgicas, curtumes, etc.). Alguns setores foram excluídos dos financiamentos do Banco Real:

- qualquer empresa que utilize o trabalho infantil de forma prejudicial;
- atividades que incentivem direta ou indiretamente a prostituição;
- extração de madeira nativa, exceto as certificadas;
- extração e fabricação de produtos de amianto.

As empresas clientes que extraem madeira nativa precisam ter um certificado de terceira parte, como do Forest Stewardship Council (FSC) <www.fsc.org> ou Cerflor/ABNT, ou mostrar evidência que está no caminho para a certificação. No início de 2004, cinco empresas já tinham sido excluídas da carteira de clientes do banco: duas madeireiras amazônicas, uma de amianto, uma de fabricação de armas e uma mineradora de carvão.

Os riscos mais comuns são:

- perdas financeiras, pelo não pagamento dos empréstimos;
- danos à reputação do setor financeiro, em virtude de críticas a financiamentos polêmicos recentes;
- ativismo ambiental dos próprios acionistas do setor financeiro.

Princípios do Equador

Em outubro de 2002 – após a Cúpula Mundial para o Desenvolvimento Sustentável, realizada em Johannesburgo em agosto de 2002 –, a Corporação Financeira Internacional (IFC) promoveu uma reunião de bancos internacionais em Washington para discutir os danos causados à reputação do setor financeiro em função de alguns financiamentos concedidos. Um ano depois, o Banco Mundial e outros 10 bancos anunciaram a adoção dos Princípios do Equador.

Os motivos que levaram os bancos a adotarem os Princípios do Equador foram:

- maior consciência dos riscos a que estavam sujeitos;
- conclusão de que as questões ambientais e as sociais não podiam mais ser tratadas como um problema dos outros;
- necessidade de demonstrar liderança, e aplicação de boas práticas de gestão ambiental e de responsabilidade social;
- conclusão de que as instituições financeiras não podiam mais agir de maneira isolada.

Um exemplo de adoção desses princípios foi o financiamento do ABN AMRO para uma mineradora na Indonésia e o do Citigroup para a represa de Três Gargantas, na China.

Os Princípios do Equador aplicavam-se aos financiamentos para países em desenvolvimento – acima de US$ 10 milhões – e incluem diretrizes sobre:

- uso de recursos naturais renováveis;
- proteção da saúde humana, da cultura e da biodiversidade;
- uso de substâncias químicas perigosas;
- padrões de segurança e saúde ocupacional;
- impactos socioeconômicos;
- reassentamento de comunidades.

Os 10 primeiros bancos a adotar os Princípios do Equador, de sete países diferentes, foram: ABN AMRO Bank, Barclays PLC, Citigroup, Credit Lyonnais, Credit Suisse Group, HVB Group, Radobank, Royal Bank of Scotland, West LB e Westpac.

Em março de 2004, outros 10 adotaram os princípios: HSBC, Dresdner, ING, Royal Bank of Canada, MCC of Italy, Dexia, Standard Chartered, Mizuho, CIBC e KBC.

Em junho de 2006, os bancos aprovaram uma revisão dos Princípios do Equador, proposta pela IFC. A nova versão obriga as empresas a integrarem as considerações ambientais e sociais em seus sistemas de administração, e incluiu o assessoramento financeiro dos projetos, e não apenas os empréstimos. Determina que os signatários apliquem os princípios aos projetos até US$ 10 milhões ou mais, e não somente a partir dos US$ 50 milhões como anteriormente. As entidades de crédito deverão apresentar relatórios anuais sobre o progresso e cumprimento dos Princípios.

Os Princípios do Equador fornecem um contexto sólido ao financiamento de projetos no âmbito internacional, disse Johnny Cameron, presidente do Royal Bank of Scotland (RBS) Corporate Markets. Deu-se maior rigor à forma como são avaliados os impactos ambientais e sociais dos grandes projetos de infraestrutura, tanto antes quanto durante sua implementação. No total, os bancos signatários formam uma força financeira que opera em mais de 100 países e representa mais de 80% do mercado mundial de financiamento de projetos. A IFC, maior organismo multilateral de crédito que concede empréstimos, valores e administração de risco nos países em desenvolvimento, convidou outros bancos privados e instituições financeiras – como Export Credit Agencies e bancos dos mercados emergentes como os da China e Índia – a também adotarem os Princípios do Equador.

No Brasil, a Lei de Crimes Ambientais (Lei nº 9.605/98) estabelece que as instituições financeiras, quando financiarem projetos e empreendimentos em desacordo com as normas ambientais vigentes, poderão ser responsabilizadas, solidariamente, por eventuais danos causados ao meio ambiente. Vários bancos que operam no país já adotaram políticas de financiamentos socioambientais baseadas nos Princípios do Equador.

Bolsas de valores

Em um mundo cada vez mais globalizado e competitivo, as empresas que planejam em médio e longo prazos passaram a buscar um diferencial para alcançar novos mercados nos países industrializados, compostos por consumidores mais exigentes em relação às questões da sustentabilidade global.

Foram desenvolvidos indicadores de sustentabilidade para medir a contribuição das empresas nas áreas econômica, ambiental e social, e, ainda, para funcionar como instrumentos de orientação das políticas de investimento de empresas e de acionistas na compra de ações ou cotas de fundos de investimentos.

Alguns fundos excluem simplesmente setores considerados indesejáveis, como fumo, bebidas alcoólicas, armamentos, pornografia, cassinos e até petróleo e mineração. Outros fundos aceitam investir em quase todos os setores, desde que as empresas selecionadas destaquem-se pelas melhores práticas ambientais e sociais.

A Social Investment Forum, entidade sem fins lucrativos formada por mais de 500 instituições e profissionais, dedica-se à promoção do conceito e das práticas de investimento socialmente responsável nos Estados Unidos. Ela estima que, no final de 1999, de cada US$ 8 investidos em ativos administrados nos Estados Unidos, US$ 1 era investido com algum critério de responsabilidade social. Para ler mais sobre o assunto, acesse <www.socialinvest.org>.

São exemplos de Fundos de Investimento Social:

- Fundo Ethical, lançado pelo Banco Real, em novembro de 2001, é um fundo de ações administrado pelo Real ABN AMRO Asset Management, e formado por organizações listadas na Bolsa de Valores do Brasil. Esses papéis são escolhidos privilegiando as empresas consideradas socialmente responsáveis para com seus parceiros de negócios – acionistas, credores, funcionários, clientes, fornecedores, governo, comunidade e sociedade.
- Caixa FIF Fome Zero, lançado por meio da Caixa Econômica Federal, em fevereiro de 2003, com foco no programa social Fome Zero. É um fundo de rentabilidade fixa, com aplicação mínima de R$ 100, que doa metade da receita obtida com a taxa de administração do fundo – 5% ao ano –, para o ministério gestor do programa Fome Zero. Em dois meses de lançamento, o fundo já havia atraído R$ 39 milhões, com depósitos diários em torno de R$ 1 milhão.
- Fundo Private Bank de Investimento Social, lançado pelo Unibanco em dezembro de 2002. Inicialmente criado para investidores de alta renda e que fossem clientes do Banco, foi lançado no varejo a partir de junho de 2003. A aplicação mínima é de R$ 1 mil e sua meta é render o mesmo que a poupança, destinando o excedente para projetos sociais escolhidos, trimestralmente, pelo Comitê de Investimento Social do Banco. O foco são projetos autossustentáveis, na área

da educação, que objetivem prover estudo, saúde e alimentação para crianças em situação de risco social.

Índices de sustentabilidade

Em 1994, foi lançado, na Bolsa de Nova Iorque, o Índice Dow Jones de Sustentabilidade – Dow Jones Sustainability Index (DJSI). Esse índice diferencia as empresas que aliam solidez financeira à boa gestão das questões ambientais e sociais.

Para participar do DJSI, a empresa é analisada em relação:

- a sua performance financeira, ambiental e social;
- às práticas comerciais – incluindo lavagem de dinheiro, corrupção, sonegação de impostos;
- ao respeito aos direitos humanos – trabalho infantil e discriminação;
- a acidentes ambientais;
- ao tratamento dos empregados.

Até outubro de 2003, apenas quatro empresas brasileiras estavam incluídas no DJSI: Banco Itaú Holding Financeira, Itaúsa Investimentos, Companhia Energética de Minas Gerais (Cemig) e Embraer.

O desempenho do Índice Dow Jones de Sustentabilidade pode ser deduzido a partir da valorização das ações das empresas incluídas no DJSI.

Figura 4
COMPARAÇÃO ENTRE O ÍNDICE DOW JONES DE SUSTENTABILIDADE E O ÍNDICE GERAL DOW JONES

Comparação da valorização das ações incluídas no índice de sustentabilidade e no Índice Geral Dow Jones, entre dezembro de 1993 e setembro de 2004.[1] Como podemos ver, as empresas que constam do índice de sustentabilidade têm uma valorização substancialmente maior.

(1) valorização em dólares.

Fonte: Dow Jones Indexes.

Fundos de investimento social

O Investimento Socialmente Responsável (ISR) é o investimento que leva em consideração aspectos sociais e ambientais no processo de tomada de decisão. Os fundos de ISR são compostos por ações de empresas que são selecionadas por obedecerem a algum critério socioambiental transparente.

Em geral, os Fundos de Investimento Socialmente Responsáveis procuram analisar a sustentabilidade das empresas por meio de suas políticas em áreas como:

- relacionamento com o público e com as comunidades locais;
- relações de trabalho com seus funcionários;
- fornecedores e parceiros;
- desempenho ambiental.

Os fundos de investimento social são fundos, geralmente, tradicionais que destinam parte da rentabilidade ou usam os recursos relativos à taxa de administração para financiar projetos sociais.

Ações dos bancos

Uma análise das 800 ações sociais listadas no Guia Exame 2004 de Boa Cidadania Corporativa mostra que o setor bancário é um dos mais ativos na área de responsabilidade social empresarial. Entre as 10 empresas-modelo de 2004 está o Banco Itaú, que investiu 0,13% de seu faturamento bruto em diversas ações sociais em várias cidades brasileiras.

Outros bancos mencionados com ações sociais em várias áreas são Banco Real ABN AMRO, atual Banco Santander, Citibank, Banco do Brasil, Banco JPMorgan, BankBoston, Caixa Econômica Federal, Santander Banespa e Unibanco.

As ações sociais do Banco do Brasil são realizadas pela Fundação Banco do Brasil <www.cidadania-e.com.br>. Com relação às cadeias produtivas, por exemplo, a Fundação tem uma série de atividades e de parcerias em diferentes áreas.

O Guia Exame de Boa Cidadania Corporativa é publicado, atualmente, como Guia Exame de Sustentabilidade.[45]

---

[45] Mais informações sobre o Guia Exame de Sustentabilidade no *site* <planetasustentavel.abril.com.br/noticia/abril/patrocinador_259047.shtml>.

Autoavaliações

Questão 1:

A responsabilidade socioambiental (RSE) tornou-se um fator de competitividade, o que tem estimulado muitas empresas a adotarem suas práticas.

Desse modo, a responsabilidade social empresarial é evidenciada quando a empresa, em seus relacionamentos públicos:

a) mostra-se conservadora com suas ações preestabelecidas.
b) expressa atitudes ativistas e liberais com ações planejadas.
c) expressa incertezas e desconfianças com suas ações não planejadas.
d) mostra-se coerente com suas atitudes e ações de modo limpo e aberto.

Questão 2:

Um dos motivos para o crescimento da responsabilidade socioambiental tem sido, certamente, a divulgação dos benefícios – econômicos, ambientais e sociais – obtidos por aquelas empresas que, de forma pioneira, investiram nessa área.

Dessa forma, um dos benefícios gerados pela responsabilidade socioambiental é:

a) o acesso mais difícil a novos mercados.
b) a desvalorização da imagem institucional.
c) a redução da capacidade de atrair e manter talentos.
d) a melhoria da produtividade com trabalhadores mais motivados.

Questão 3:

A responsabilidade social empresarial vai muito além do papel social tradicional de gerar empregos e cumprir as determinações legais da sociedade em que a empresa está inserida. Sendo assim, a gestão da responsabilidade social é muito mais do que a implementação de projetos isolados de ação social.

Nesse sentido, a gestão da responsabilidade social pressupõe uma coerência de atuação que engloba:

a) o valor econômico da empresa e sua relação com as ONGs.
b) a cadeia de valor da empresa e sua relação com o ambiente externo.
c) o valor econômico da empresa e sua relação com as multinacionais.
d) a cadeia de valor da empresa e sua relação com a redução da pobreza.

Questão 4:

Em 1982, os problemas ambientais globais indicavam que os resíduos e a poluição gerados pelas atividades humanas já estavam excedendo, em algumas áreas, a capacidade de assimilação da biosfera.

Com os dados apresentados, podemos afirmar que a atuação dos resíduos provoca degradação ambiental:

a) inferior à velocidade da regeneração natural.
b) na mesma velocidade da regeneração natural.
c) superior à velocidade de regeneração natural.
d) na velocidade quase nula em relação à regeneração natural.

Questão 5:

Três fases para a implantação do planejamento estratégico encontram-se no modelo de gerenciamento da responsabilidade socioambiental. As fases são: refletir sobre a cultura da organização; organizar um grupo de trabalho; e definir a política de RSE da empresa. Vemos então que a empresa deseja melhorar sua reputação e sua visibilidade.

Nesse sentido, é preciso refletir sobre a construção da imagem de uma:

a) empresa cidadã.
b) empresa naturalista.
c) companhia do futuro.
d) companhia contemporânea.

Questão 6:

Na medida do possível, o objetivo e as metas do projeto devem ser definidos de forma a possibilitar a verificação de seus resultados. Geralmente, a avaliação de projetos sociais é mais difícil.

Podemos afirmar que o processo é mais difícil porque, nessa avaliação, prevalecem os aspectos:

a) sociais.
b) ambientais.
c) qualitativos.
d) quantitativos.

Questão 7:

A gestão da responsabilidade social é muito mais do que a implementação de projetos isolados de ação social. Entre as empresas, tem aumentado a prática de repasse voluntário de recursos privados, de forma planejada, monitorada e sistemática.

Na gestão de projetos, essa prática é denominada investimento social:

a) privado
b) dedutível.
c) responsável.
d) assistencialista.

Questão 8:

A gestão e a avaliação de projetos sociais são, geralmente, mais difíceis, pois os aspectos qualitativos tendem a prevalecer sobre os aspectos quantitativos.

Sendo assim, na medida do possível, o objetivo e as metas dos projetos representam:

a) melhoria das áreas rurais e urbanas.
b) aumento da industrialização das empresas.
c) diminuição da emissão de gás carbono na atmosfera.
d) melhoria da qualidade de vida e promoção da cidadania.

Questão 9:

Após a Corporação Financeira Internacional promover reunião para discutir os danos causados ao setor por concessão de financiamentos indevidos, o Banco Mundial e outros 10 bancos anunciaram a adoção dos Princípios do Equador.
Podemos afirmar que um dos motivos que levou os bancos a adotar tais princípios foi:

a) a maior conscientização de seu papel filantrópico.
b) a menor necessidade de mostrar benevolência social.
c) a maior consciência dos riscos a que estavam sujeitos.
d) a menor proposição de tratamento isolado dos problemas.

Questão 10:

Em decorrência do surgimento de empresas mais exigentes, em relação à sustentabilidade global, foram desenvolvidos indicadores de sustentabilidade para medir a contribuição das empresas nas áreas econômica, ambiental e social. Lançou-se então o Índice Dow Jones de Sustentabilidade – Dow Jones Sustainability Index (DJSI).
Podemos afirmar que, para participar do DJSI, a empresa é analisada em relação:

a) a sua performance financeira.
b) ao respeito aos direitos do idoso.
c) à valorização de suas ações na bolsa.
d) a sua performance financeira, ambiental e social.

Módulo IV – Normas nacionais e internacionais

Módulo IV – Normas nacionais e internacionais

Neste módulo, vamos tratar das normas nacionais e internacionais que funcionam como códigos voluntários de conduta, algumas vezes mais exigentes do que a legislação. Começaremos analisando as Normas Internacionais ISO 14000, utilizadas por qualquer tipo de indústria. Veremos, a seguir, outros tipos de normas – desde o sistema de gestão ambiental, baseado na definição da política ambiental da empresa, até normas sobre mudanças climáticas.

Trataremos ainda da avaliação de projetos sociais como uma forma de pesquisa social aplicada, destinada a identificar, obter e proporcionar, de maneira válida e confiável, dados e informações suficientes e relevantes.

Analisaremos também o balanço social que, devido à crescente importância mundial do tema responsabilidade socioambiental, tem-se transformado em instrumento de marketing para a conquista de novos clientes e mercados.

Normas ISO 14000

Códigos voluntários de conduta

Para demonstrar seu comprometimento com a responsabilidade ambiental, as empresas devem observar a legislação ambiental do país, podendo ainda adotar códigos voluntários de conduta – mais exigentes do que a legislação. São eles:

- a Atuação Responsável – para as indústrias químicas.
- as Normas Internacionais ISO 14000 – para qualquer tipo de indústria.

A Organização Internacional de Normalização – International Organization for Standardization (ISO) – já aprovou várias normas internacionais sobre gestão ambiental: as normas da série ISO 14000.

Certificação de terceira parte

Para demonstrar aos clientes seu comprometimento com a responsabilidade social, algumas empresas têm procurado a certificação de terceira parte. Duas normas que tratam de aspectos setoriais da responsabilidade social – SA 8000 e a OHSAS 18001 – têm sido as mais usadas até agora.

A Associação Brasileira de Normas Técnicas (ABNT) desenvolveu uma norma brasileira que cobre todos os aspectos da responsabilidade social – a ABNT NBR 16001, publicada em dezembro de 2004. A ISO elaborou uma norma internacional sobre a responsabilidade social para orientar as empresas a agirem de forma socialmente responsável, que foi aprovada em 2010, mas não envolve certificação.

ISO

Em 1946, a ISO foi estabelecida como confederação internacional de Órgãos Nacionais de Normalização (ONN) de todo o mundo.

Todos os documentos da ISO devem ser revistos a cada cinco anos. Trata-se de uma organização não governamental que tem a ABNT como um de seus membros fundadores. Seu objetivo é publicar documentos que estabeleçam práticas internacionalmente aceitas, os quais são, geralmente, normas internacionais que elaboram regras a serem seguidas.

Na ISO, as normas internacionais são aprovadas com o maior nível de consenso internacional. Apesar de nem sempre serem ratificadas como normas nacionais, nos países membros da ISO, essas normas constituem a base de muitos aspectos do comércio internacional.

O Acordo sobre Barreiras Técnicas ao Comércio da Organização Mundial do Comércio (OMC) reconhece o uso de normas internacionais como a base de normas nacionais voluntárias ou regulamentos técnicos obrigatórios no contexto de evitar a criação de barreiras técnicas ao comércio. Todos os tipos de documentos da ISO podem ter importantes implicações no comércio internacional.

Existem cerca de 10 mil normas internacionais publicadas pela ISO. As normas internacionais são desenvolvidas de acordo com um processo bem definido, que dura, geralmente, três anos para se completar.

Comitê Técnico de Gestão Ambiental

Em 1993, a ISO estabeleceu o Comitê Técnico de Gestão Ambiental (ISO/TC 207) para desenvolver uma série de normas internacionais de gestão ambiental, a exemplo do que já vinha sendo feito pelo ISO/TC 196, com a série ISO 9000 de Gestão da Qualidade. A nova série (ISO 14000) trata de vários aspectos da gestão ambiental, como sistemas de gestão ambiental, auditorias ambientais, rotulagem ambiental, avaliação do desempenho ambiental, avaliação do ciclo de vida e mudanças climáticas.

O ISO/TC 207 conta com a participação de representantes de mais de 60 países em suas reuniões plenárias anuais.

O TC 207 atualmente tem sete subcomitês (SCs), tratando das seguintes questões:

- SC1 – Sistemas de Gestão Ambiental;
- SC2 – Auditorias Ambientais;
- SC3 – Rotulagem Ambiental;
- SC4 – Avaliação de Performance Ambiental;
- SC5 – Avaliação de Ciclo de Vida;

- SC6 – Termos e Definições;
- SC7 – Mudanças Climáticas

Comitê Brasileiro de Gestão Ambiental

Para acompanhar o desenvolvimento das Normas ISO 14000 e influir nesse processo, a ABNT criou o Comitê Brasileiro de Gestão Ambiental (ABNT/CB-38), com estrutura semelhante ao ISO/TC 207 e seus subcomitês, como mostra a figura apresentada a seguir.

Figura 5
Comitê Técnico 207 da ISO e
Comitê Brasileiro de Gestão Ambiental da ABNT

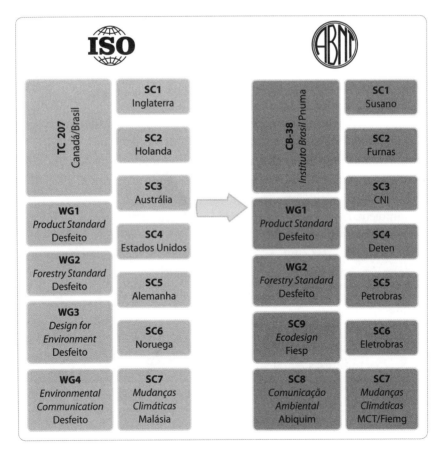

Para apresentar, efetivamente, uma posição que represente os interesses do país no desenvolvimento das normas de gestão ambiental, o comitê é aberto à contribuição de todos os interessados na formulação dessas normas.

O CB-38 tem como colaboradoras grandes empresas e entidades de classe como a Abiquim, Brasken, CBL, Cempre, CNI, CVRD, Deten, Eletrobras, Fiesp, Fiemg, Firjan, Furnas, Ministério do Meio Ambiente, Petrobras e Siemens.

Os subcomitês do CB-38 gerenciam as atividades de discussão e de desenvolvimento de grupos de normas sob sua responsabilidade: sistemas de gestão ambiental, auditoria ambiental e rotulagem ambiental.

O CB-38 tem hoje, em sua estrutura, os seguintes subcomitês:

- SC1 – Sistemas de Gestão Ambiental;
- SC2 – Auditorias Ambientais;
- SC3 – Rotulagem Ambiental;
- SC4 – Desempenho Ambiental;
- SC5 – Avaliação de Ciclo de Vida;
- SC6 – Termos e Definições;
- SC7 – Mudanças Climáticas.

O CB-38 mantém dois grupos de trabalho com *status* de subcomitês, para tratar da divulgação de normas já aprovadas, na área de Comunicação Ambiental e de Integração de Aspectos Ambientais no Projeto e Desenvolvimento de Produtos (*Ecodesign*).

Sempre que uma norma é aprovada pela ISO, esses subcomitês, que participaram ativamente em seu desenvolvimento e sua aprovação, tratam de sua tradução para o português.

Tipos de normas

Sistemas de gestão ambiental

A gestão ambiental – aplicada de forma sistemática desde o início dos anos 1990 – é uma importante ferramenta de modernização e de melhoria da competitividade das indústrias. Um sistema de gestão ambiental (SGA) é definido pela alta direção da empresa em função de sua política ambiental, que deve ser conhecida por todos os funcionários, e inclui:

- estrutura organizacional;
- planejamento de atividades;
- definição de responsabilidades;
- práticas, procedimentos, processos e recursos para o desenvolvimento, a implantação, a revisão e a manutenção da política ambiental.

O planejamento inclui:

- avaliação dos aspectos ambientais;
- avaliação dos requisitos legais aplicáveis à empresa;
- definição de objetivos e de metas;
- mecanismo de melhoria contínua do desempenho ambiental.

Foram aprovadas e publicadas, em 1996, as normas:

- ISO 14001, Sistemas de Gestão Ambiental – Especificação e Diretrizes para Uso;
- ISO 14004, Sistemas de Gestão Ambiental – Diretrizes Gerais sobre Princípios, Sistemas e Técnicas de Apoio.

Em 1998, foi publicado o Relatório Técnico, ISO TR 14061, Guia para Orientar Organizações Florestais no Uso das Normas ISO 14001 e ISO 14004.

A ABNT publicou, em 1996, a tradução das normas de sistemas de gestão ambiental – as NBR ISO 14001 e NBR ISO 14004.

Em 2004, o TC 207 completou a revisão das Normas 14001 e 14004. As Normas ISO 14001:2004 e a 14004:2004 foram publicadas pela ISO em novembro de 2004. A ABNT publicou, logo em seguida, suas traduções para o português: ainda em 2004, a NBR ISO 14001:2004; e, em 2005, a NBR ISO 14004:2004.

O Acordo sobre Barreiras Técnicas ao Comércio da Organização Mundial do Comércio (OMC) reconhece o uso de normas internacionais como a base de normas nacionais voluntárias ou regulamentos técnicos obrigatórios no contexto de evitar a criação de barreiras técnicas ao comércio. Todos os tipos de documentos da ISO podem ter importantes implicações no comércio internacional.

ISO 14001

A norma ISO 14001 é, por enquanto, a única da série ISO 14000 que pode ser certificada por uma terceira parte, isto é, uma entidade especializada e independente, reconhecida em um organismo autorizado de credenciamento – acreditação. No Brasil, esse organismo é o Inmetro.

Em junho de 2011, o Brasil atingiu a expressiva marca dos 4.500 certificados ISO 14001.

As empresas que foram certificadas:

- melhoraram seus desempenhos ambientais e ficaram mais competitivas;
- reduziram o consumo de água, de energia e de matérias-primas;
- passaram a produzir menos efluentes para serem tratados.

Para que uma empresa seja certificada, ela precisa, entre outras coisas:

- definir sua política ambiental;
- estar em conformidade com a legislação ambiental;
- implantar um sistema de gestão ambiental com um mecanismo de aperfeiçoamento contínuo.

Para renovar sua certificação – a cada três anos –, a empresa precisa provar que melhorou seu desempenho ambiental naquele período.

A Norma NBR-ISO 14001 traça como objetivos da gestão ambiental:

- implementar, manter e aprimorar um sistema de gestão ambiental;
- assegurar-se de sua conformidade com sua política ambiental definida;
- demonstrar tal conformidade a terceiros;
- buscar certificação/registro de seu sistema de gestão ambiental por uma organização externa;
- realizar uma autoavaliação e emitir autodeclaração de conformidade com essa norma.

Auditorias ambientais

A auditoria ambiental é um processo de verificação sistemática e documentada para obter e avaliar evidências que determinam se um sistema de gestão implantado está de acordo com a Norma ISO 14001.

As normas de auditoria ambiental garantem a credibilidade do processo de certificação. Essas normas também são dirigidas às auditorias de terceira parte por entidades externas e independentes.

Rotulagem ambiental

A rotulagem ambiental certifica que um produto é adequado ao uso a que se propõe. Além disso, certifica que um produto causa menos impacto no meio ambiente que os produtos disponíveis no mercado a ele comparáveis. Também conhecida como Selo Verde, já é praticada em vários países, como Alemanha, Suécia, Japão, Canadá e Holanda, mas com formas de abordagem e objetivos diferentes.

Para harmonizar esses procedimentos diferentes, foram publicadas as seguintes normas:

- ISO 14020, Rótulos e Declarações Ambientais – Princípios Básicos (1998);
- ISO 14021, Autodeclarações Ambientais – Rótulo Ambiental Tipo II (1999);
- ISO 14024, Rótulo Ambiental Tipo I – de terceira parte (1999).

A ABNT publicou a NBR-ISO 14020 em 2002, e as NBR-ISO 14021 e 14024 em 2004. O Rótulo Tipo I é concedido por organizações independentes – exemplo do Blue Angel, na Alemanha, e do Green Seal, nos Estados Unidos. O Tipo II é de responsabilidade da própria empresa, que declara as qualidades ambientais de seus produtos, por exemplo, em anúncios na mídia.

O ISO/TC 207 publicou, em 2006, a Norma ISO 14025 Rótulo Ambiental Tipo III, que exige, para ser concedido, a Avaliação do Ciclo de Vida do produto.

Avaliação de desempenho ambiental

Os indicadores de desempenho ambiental escolhidos pela empresa devem ser específicos para uma determinada área – quantidade de efluentes e de resíduos sólidos perigosos gerados por unidade de produto, peso da embalagem produzida, etc.

Os indicadores escolhidos devem ser:

- relevantes;
- cientificamente válidos;
- de fácil comprovação;
- com custos de medição aceitáveis em relação aos objetivos da avaliação.

Em 1999, o ISO/TC 207 publicou uma norma e um relatório técnico:

- ISO 14031, Avaliação do desempenho ambiental – diretrizes;
- ISO TR 14032, Exemplos de avaliação de desempenho ambiental.

A ISO 14031 – publicada pela ABNT como NBR-ISO 14031 em 2004 – objetiva medir e analisar o desempenho ambiental de uma empresa, para comparar os resultados com as metas definidas no estabelecimento do sistema de gestão ambiental, e comprovar as melhorias alcançadas.

Avaliação de ciclo de vida

A avaliação de ciclo de vida é o processo de análise e de avaliação dos efeitos que um produto, processo ou atividade – bem como a função que desempenha – têm sobre o meio ambiente. Essa avaliação tem de dar conta de todo o ciclo de vida do produto, processo ou atividade, abrangendo:

- extração e processamento de matérias-primas;
- produção e distribuição;
- uso e reúso;
- manutenção, reciclagem e disposição final.

O ISO/TC 207 já publicou as seguintes normas de ACV:

- ISO 14040, Avaliação do ciclo de vida – princípios e estrutura (1997);
- ISO 14041, Avaliação de ciclo de vida – definição de escopo e análise do inventário (1998);
- ISO 14042, Avaliação do ciclo de vida – avaliação do impacto do ciclo de vida (2000);
- ISO 14043, Avaliação do ciclo de vida – interpretação do ciclo de vida (2000);
- ISO 14048, Avaliação de ciclo de vida – formato da apresentação de dados (2002).

Foram publicados também dois relatórios técnicos:

- ISO TR 14047, Avaliação do ciclo de vida – exemplos para a aplicação da ISO 14042 (2002);
- ISO TR 14049, Avaliação do ciclo de vida – exemplos de aplicação da ISO 14041 para a definição de escopo e análise de inventário (2000).

A ABNT publicou a NBR ISO 14040 em 2001, e as NBR ISO 14041 e 14042 em julho de 2004.

As quatro primeiras normas (40, 41, 42 e 43) foram condensadas, em 2006, em apenas duas, 14040 e 14044, para facilitar a aplicação pelas empresas da Avaliação do Ciclo de Vida de produtos.

O SC 5 (Avaliação do Ciclo de Vida) está desenvolvendo a Norma ISO 14045, sobre os princípios e requisitos para avaliação da ecoeficiência, e desde de junho de 2011, a Norma ISO 14046 sobre Pegada de Água (Water Footprint).

Como as Normas ISO 14000 são desenvolvidas por grupos diferentes de especialistas, foi necessário desenvolver uma norma para que os grupos não usassem termos e definições diferentes. Ou seja, uma norma para entender a norma.

A Norma ISO 14050: Termos e Definições foi publicada em 1998, e sua revisão, a ISO 14050 Rev. 1, foi publicada em 2002. A ABNT publicou a NBR ISO 14050 Rev. 1 em 2004.

Ecodesign

O Relatório Técnico ISO TR 14062, Integração dos Aspectos Ambientais no Projeto e Desenvolvimento de Produtos (*Ecodesign*) foi publicado em 2002 para os produtos e serviços que provocam impactos no meio ambiente – o que pode acontecer durante todos os estágios de seus ciclos de vida. A ABNT publicou a NBR ISO 14062 em 2004. Com a integração dos aspectos ambientais ao projeto e ao desenvolvimento de produtos e serviços, vários benefícios ambientais e econômicos são alcançados:

- redução de custos – redução do consumo de energia, água, matérias-primas e menor geração de resíduos para serem tratados;
- melhor desempenho ambiental;
- estímulo à inovação;
- novas oportunidades empresariais;
- melhor qualidade do produto ou serviço.

A redução do consumo de energia, água e insumos leva à consequente redução do impacto ambiental necessário para obtê-los. Entre as principais saídas do processo produtivo estão as mercadorias, suas embalagens e os materiais não utilizados, convertidos em potenciais agentes poluidores do ar, da água e do solo.

Foi iniciada, pelo subcomitê SC1, a elaboração da Norma ISO 14006 para a orientação e gestão de processos de *ecodesign*.

Comunicação ambiental

As grandes empresas – particularmente nos países nórdicos e na Alemanha – começaram a ser pressionadas para publicar, anualmente, um relatório sobre seu desempenho ambiental.

Não havia, entretanto, um modelo que facilitasse a comparação do desempenho ambiental de empresas diferentes. A Norma ISO 14063 Comunicação Ambiental: Diretrizes e Exemplos foi publicada em 2006, e fornece exemplos e diretrizes para a divulgação do desempenho ambiental e outros aspectos ambientais das empresas.

Mudanças climáticas

O subcomitê SC 7 foi criado para desenvolver normas internacionais para medição, monitoramento, comunicação, verificação de emissões e de absorção de gases estufa em nível de projetos e entidades.

A Norma ISO 14064, aprovada em 2006, foi desenvolvida em três partes:

- ISO 14064 Parte 1 – Gases Estufa – Especificação para a quantificação, monitoramento e comunicação de emissões e absorção por entidades;
- ISO 14064 Parte 2 – Gases Estufa – Especificação para a quantificação, monitoramento e comunicação de emissões e absorção de projetos;
- ISO 14064 Parte 3 – Gases Estufa – Especificação e diretrizes para validação, verificação e certificação.

A Norma ISO 14066, aprovada em 2011, especifica os requisitos de competência para os validadores e verificadores de gases de efeito estufa.

Estão sendo desenvolvidas duas novas normas:

- a ISO 14067 sobre pegada de carbono de produtos, com os requisitos para a quantificação e comunicação de gases de efeito estufa associados aos produtos, que tem duas partes: a Parte 1 para a quantificação da pegada de carbono, e a Parte 2 para a comunicação da informação sobre a pegada de carbono;
- a ISO 14069 para orientação às organizações, para calcular a pegada de carbono de seus produtos, serviços e da cadeia de suprimento.

Um grupo de trabalho coordenado pelo Japão e pelo Brasil (Abiquim), criado em 2008, desenvolveu a Norma ISO 14051 sobre Diretrizes para a Contabilidade do Fluxo de Materiais – Material Flow Cost Accounting (MFCA) –, que foi publicada em 2011, para uso interno de empresas. A norma é uma ferramenta de gestão para promover o uso mais efetivo de recursos nos processos de manufatura e de distribuição, reduzindo o consumo relativo de recursos e os custos de matérias-primas. A MFCA mede o fluxo e o estoque de materiais e energia dentro de uma organização com base em unidade física (peso, capacidade, volume e assim por diante) e os avalia de acordo com os custos de produção, fator que, geralmente, é negligenciado pela contabilidade de custos convencionais.

Outras normas

SA 8000

A SA 8000 trata de trabalho infantil, trabalho forçado, saúde, segurança, liberdade de associação e direito à negociação coletiva, discriminação, práticas disciplinares, jornada de trabalho, remuneração e sistema de gestão.

A certificação por terceira parte – feita nos moldes das normas internacionais ISO 14000 e ISO 9000 – atesta que uma empresa desenvolveu, implantou e mantém um sistema de gestão baseado na proteção do direito de seus trabalhadores.

A certificação atesta também que esse sistema atende à legislação pertinente. Além disso, ainda atesta que a empresa estimula seus fornecedores ou subcontratados a atenderem aos mesmos princípios. Sua validade é de três anos, com auditorias de avaliação anuais ou semestrais.

Em fevereiro de 2005, 354 empresas já tinham sido certificadas em 39 países. A Itália liderava a atividade de certificação, com 75 empresas certificadas, seguida pelo Brasil, com 50, e pela China, com 49.

A SA 8000 foi publicada em 1997 e operacionalizada em 1998 pelo Council on Economic Priorities Accreditation Agency (CEPAA), uma ONG sem fins lucrativos com sede nos Estados Unidos. A CEPAA foi posteriormente renomeada para Social Accountability International (SAI). A SA 8000 foi revisada em 2001 e trata da ética e do ambiente de trabalho de uma empresa, e é aplicável a empresas de qualquer setor de atividade e de qualquer porte. A SAI atua no Brasil em parceria com o Ibase.

A SA 8000 tem como base os princípios da Organização Internacional do Trabalho (OIT), da Declaração das Nações Unidas sobre os Direitos das Crianças e da Declaração Universal dos Direitos Humanos, além das normas internacionais ISO 9000 e ISO 14000. Obtenha mais informações no *site* <www.sa8000.org>.

OHSAS 18001

A OHSAS 18001 é uma especificação da Série de Avaliação da Segurança e Saúde Ocupacional – Occupational Health and Safety Assessment Series.

A certificação pela OHSAS 18001 garante o compromisso da empresa com a redução dos riscos ambientais e com a melhoria contínua de seu desempenho em relação à saúde ocupacional e à segurança de seus funcionários. Pode ser aplicada a qualquer empresa que deseje:

- estabelecer um sistema de gestão da saúde e de segurança ocupacional (SSO) para eliminar ou minimizar os riscos a funcionários e outras partes interessadas, que possam estar expostos aos riscos de SSO associados a suas atividades;
- implementar, manter e melhorar continuamente um SSO;
- assegurar-se de sua conformidade com a política de SSO definida pela empresa;
- demonstrar tal conformidade a terceiros;
- buscar a certificação ou registro de seu SSO por uma terceira parte;
- realizar uma autoavaliação e emitir autodeclaração de conformidade com essa especificação.

A OHSAS 18001 foi desenvolvida por um grupo de entidades internacionais de normalização e organismos certificadores.

As entidades internacionais de normalização são: British Standards Institution; South African Bureau of Standards; National Standards Authority of Ireland; Asociación Española de Normalización y Certificación; Standards and Industry Research Institute of Malaysia; Bureau Veritas Quality International; Det Norske Veritas; Lloyds Register Quality Assurance; National Quality Assurance; International Certification Services; e SFS Certification.

A OHSAS 18001 e o documento que a acompanha, OHSAS 18002: Diretrizes para a implementação da OHSAS 18001, fornecem requisitos para um Sistema de Gestão da Segurança e Saúde Ocupacional, compatível com as normas ISO 9001 e ISO 14001, de modo a facilitar a integração dos sistemas de gestão da qualidade, ambiental e da segurança e saúde ocupacional das empresas. A OHSAS deveria ser revista quando fossem publicadas novas edições da ISO 9001 e da ISO 14001 (a ISO 14001:2004 foi publicada em novembro de 2004), para assegurar a continuidade da compatibilidade. As entidades que criaram essa norma declararam que ela será retirada de circulação quando da publicação de seu conteúdo como uma norma internacional.

AA 1000

A AccountAbility 1000 (AA 1000) é uma norma para prestação de contas baseada no diálogo entre a empresa e suas partes interessadas. Foi lançada em 1999 pelo Institute of Social and Ethical Accountability (Isea), baseado em Londres, *site* <www.accountability.org>.

Com o objetivo de disponibilizar um padrão internacional de gestão da ética e da responsabilidade social, a AccountAbility 1000:

- sistematiza o processo de envolvimento das partes interessadas para legitimar a empresa como socialmente responsável;
- faz com que a comunicação da empresa com o público seja mais confiável;
- possibilita a gestão dos riscos potenciais em relação a cada uma das partes interessadas.

A Norma AA 1000 pode ser usada isoladamente ou em conjunto com outras normas de prestação de contas, como da ISO 14000 e a SA 8000, ou de padrões de comunicação como do Global Reporting Initiative (GRI), *site* <www.globalreporting.org>.

ISO 26000

A ISO 26000 – Guia sobre Responsabilidade Social – foi aprovada em 2010. Essa norma:

- orienta as organizações a tratar de suas responsabilidades sociais, respeitando diferenças culturais, ambientais, legais, de desenvolvimento econômico e as comunidades onde estão inseridas;

- fornece orientação prática equivalente à operacionalização da responsabilidade social, com a identificação e o engajamento das partes interessadas, bem como com a melhoria da credibilidade dos relatórios e das declarações sobre responsabilidade social;
- enfatiza resultados de desempenho e melhorias.

Os objetivos da Norma ISO 26000 são:

- aumentar a satisfação e a confiança na organização entre seus clientes e outras partes interessadas;
- estar de acordo com documentos, tratados e convenções internacionais, e normas da ISO existentes;
- não ter a intenção de reduzir a autoridade dos governos para tratar da responsabilidade social das organizações;
- promover a terminologia comum na área de responsabilidade social;
- aumentar a conscientização sobre a responsabilidade social.

No desenvolvimento da Norma ISO 26000, foram considerados os seguintes documentos:

- as Normas ISO 14000 de Gestão Ambiental;
- a OHSAS 18001, de Sistemas de Gestão de Segurança e Saúde Ocupacional;
- a Convenção das Nações Unidas sobre os Direitos das Crianças;
- os Indicadores de Responsabilidade Social Corporativa do Instituto Ethos;
- as Diretrizes para Relatórios de Sustentabilidade do Global Reporting Initiative (GRI);
- a Norma SA 8000 da Social Accountability International (SAI);
- Dow Jones Sustainability Group Index;
- a Norma AccountAbility 1000;
- a Carta Empresarial para o Desenvolvimento Sustentável, da Câmara Internacional do Comércio;
- Keidanren Charter for Good Corporate Behavior, da Japan Business Federation;
- o Código Voluntário de Conduta Atuação Responsável, da indústria química mundial.

A ISO 26000 é uma ferramenta para o desenvolvimento sustentável, aplicável a todos os tipos de organizações – independentemente de tamanho, localização, natureza de suas atividades, produtos, cultura, sociedade e ambiente no qual desenvolvem suas atividades. A ISO 26000 deve promover maior conscientização e mais amplo cumprimento de princípios universais aprovados nas convenções e declarações das Nações Unidas.

Não haverá certificação de terceira parte.

NBR 16001:2004

A ABNT desenvolveu a Norma NBR 16001:2004 (Norma Brasileira sobre Responsabilidade Social), que estabelece os requisitos mínimos para um sistema de gestão da responsabilidade social. Além disso, permite à organização formular e implantar uma política de objetivos que leve em conta:

- os requisitos legais;
- seus compromissos éticos;
- sua preocupação com a promoção da cidadania;
- a transparência de suas atividades;
- a promoção do desenvolvimento sustentável.

O sistema de gestão da responsabilidade social deve ser passível de integração a outros requisitos de gestão, de forma a auxiliá-los a alcançar seus objetivos relacionados com os aspectos ambientais, econômicos e sociais.

A Norma NBR 16001:2004 aplica-se a organizações que desejem:

- implantar, manter e aprimorar um sistema de gestão da responsabilidade social;
- assegurar-se de sua conformidade com a legislação aplicável e com sua política de responsabilidade social.

Aplica-se, ainda, a organizações que desejem apoiar o engajamento efetivo das partes interessadas e demonstrar tal conformidade ao:

- realizar uma autoavaliação e emitir autodeclaração da conformidade com essa norma;
- buscar confirmação de sua conformidade por partes que possuam interesse na organização;
- buscar confirmação de sua autodeclaração por uma parte externa à organização;
- buscar certificação/registro de seu sistema de gestão da responsabilidade social por uma organização externa – certificação de terceira parte.

Para os efeitos dessa norma, vários termos foram definidos:

- Ação social – atividade voluntária realizada pela organização em áreas tais como assistência social, alimentação, saúde, educação, esporte, cultura, meio ambiente e desenvolvimento comunitário. Abrange desde pequenas doações a pessoas ou instituições até ações estruturadas com o uso planejado e monitorado de recursos;
- Responsabilidade social – forma de gestão que se define pela relação ética e transparente da organização com todos os públicos com os quais se relaciona e pelo estabelecimento de metas compatíveis com o desenvolvimento sustentável da sociedade, preservando os recursos ambientais e culturais para as gerações futuras, respeitando a diversidade e promovendo a redução das desigualdades sociais;
- Sistema de gestão – sistema para estabelecer política e objetivos, e para atingir esses objetivos;
- Política de responsabilidade social – intenções e princípios que orientam as práticas de uma organização com vistas ao cumprimento de sua responsabilidade social, formalmente expressa pela alta direção.

Com a aprovação da Norma ISO 26000 em 2010, a ABNT deverá promover uma revisão na NBR 16001:2004.

Política de responsabilidade social

A política de responsabilidade social definida pela alta direção da organização deve:

- incluir o comprometimento com a promoção da ética, da cidadania, da transparência, da sustentabilidade, com a melhoria contínua e com a prevenção de impactos negativos ambientais, econômicos e sociais;
- incluir o comprometimento com o atendimento à legislação e a outros instrumentos internacionais aplicáveis aos aspectos da responsabilidade social e demais requisitos subscritos pela organização.

Deve ainda:

- ser apropriada à natureza, à escala e aos impactos ambientais, econômicos e sociais de suas relações, seus processos, produtos e serviços;
- fornecer a estrutura para estabelecimento e revisão de objetivos e metas de responsabilidade social;
- ser documentada, implementada e mantida;
- ser comunicada para todas as pessoas que trabalham para – ou em nome da – organização;
- estar disponível para o público;
- fazer parte da estratégia e das práticas de atuação da organização.

A norma define que uma organização deve estabelecer, implementar e manter procedimentos para a identificação dos princípios e valores da responsabilidade social com relação a suas partes interessadas, contemplando determinadas práticas. Entre elas:

- adoção e divulgação de princípios e valores éticos;
- estabelecimento de relações transparentes;
- adoção de boas práticas de governança;
- combate à pirataria, sonegação, fraude e corrupção;
- respeito aos direitos humanos;
- respeito aos direitos dos trabalhadores;
- respeito ao meio ambiente e ao direito de gerações futuras;
- combate ao trabalho infantil e ao trabalho forçado;
- valorização da diversidade – cultural, étnica, idade, etc.;
- combate à discriminação;
- compromisso com o desenvolvimento profissional;
- promoção de saúde e segurança;

- respeito à livre associação e ao direito de barganha do trabalhador;
- adoção e promoção de práticas leais de concorrência;
- apoio a ações sociais de interesse público;
- estímulo a padrões sustentáveis de desenvolvimento, produção, distribuição e consumo;
- prática de remuneração justa e de benefícios básicos;
- respeito aos direitos do consumidor;
- cumprimento de todas as legislações aplicáveis.

Um exemplo de requisitos subscritos pela organização são os requisitos da atuação responsável para as indústrias químicas que adotaram esse código voluntário de conduta.

Papel da alta direção

A NBR 16001:2004 prevê que a alta direção deve analisar o sistema de gestão da responsabilidade social, em intervalos planejados, para assegurar sua contínua adequação e eficácia.

Essa análise deve incluir a avaliação de oportunidades para melhoria contínua e da necessidade de mudanças no sistema de gestão, na política de responsabilidade social e nos objetivos e metas já definidos. Deve, ainda, ser baseada, entre outras coisas, nos resultados das auditorias internas e na comunicação com as partes interessadas – incluindo suas reclamações.

Avaliação de projetos sociais

Avaliação de projetos

Sempre que realizamos a avaliação de um projeto, estamos fazendo um julgamento de valor sobre ele. Segundo Aguilar e Ander-Egg:[46]

- a avaliação é uma forma de pesquisa social aplicada, sistemática, planejada e dirigida;

---

[46] AGUILAR, Maria José; ANDER-EGG, Ezequiel. *Avaliação de serviços e programas sociais*. Petrópolis: Vozes, 1994.

- a avaliação é destinada a identificar, obter e proporcionar – de maneira válida e confiável – dados e informações suficientes e relevantes;
- esses dados e informações devem dar suporte a um juízo sobre o mérito e o valor dos diferentes componentes de um programa – tanto na fase do diagnóstico, da programação ou da execução – ou de um conjunto de atividades específicas que se realizam, foram realizadas ou se realizarão;
- o objetivo da avaliação é produzir efeitos e resultados concretos, comprovando a extensão e o grau em que se deram essas conquistas;
- dessa forma, a avaliação servirá de base ou guia para uma tomada de decisões racional e inteligente entre cursos de ação;
- dessa forma, a avaliação poderá solucionar problemas e promover o conhecimento e a compreensão dos fatores associados ao êxito ou ao fracasso de seus resultados.

Momento da avaliação

Tendo como pano de fundo sua contribuição aos objetivos institucionais, uma avaliação deve ser utilizada para melhorar os projetos existentes, aprimorar o conhecimento sobre sua execução e contribuir para seu planejamento futuro. A avaliação de um projeto é um exercício permanente, acima de tudo, comprometido com as repercussões de um projeto ao longo de sua realização e pode-se dar em diferentes momentos.

Durante sua execução, permite tomar decisões sobre sua continuidade ou sobre as modificações necessárias para que se possam atingir ou cancelar os objetivos estabelecidos.

Ao término do projeto, torna-se uma atividade de rotina, meramente burocrática, isolada. Os resultados da avaliação tendem a ser pouco úteis para os executores do projeto ou para os gerentes da organização responsável por sua execução.

Integrada às demais atividades de gestão da entidade, pode gerar informações para que os gestores possam aumentar a eficácia, a qualidade e a eficiência da organização.

Quando a avaliação de um projeto é realizada durante sua execução, alguns aspectos devem ser observados:

- avaliação de cobertura – verifica até que ponto o público beneficiário está sendo atingido, isto é, até que ponto esse público conhece o projeto, se há barreiras ou se o projeto é acessível ao público, se ele é aceito pela população e até que ponto a área de atuação é coberta;
- avaliação da implantação – verifica se os instrumentos planejados para a implantação do projeto são necessários, suficientes, idôneos (no sentido de ter capacidade de cumprir as metas estabelecidas), potentes e eficazes;
- avaliação do ambiente organizacional – verifica se a organização responsável pelo projeto, em seus aspectos internos, favorece ou dificulta seu andamento;
- avaliação do rendimento pessoal – verifica se os indivíduos envolvidos na implantação do projeto possuem habilidades e atitudes que favoreçam o desempenho das tarefas, se são capazes de aplicar seus conhecimentos e de sistematizar a própria experiência, assim como de organizar o trabalho e solucionar problemas concretos.

Desafios da avaliação

A avaliação dos projetos sociais é geralmente mais difícil, pois neles os aspectos qualitativos tendem a prevalecer sobre os aspectos quantitativos. Vejamos os desafios:

- primeiro desafio – determinar os parâmetros de julgamento adequados para projetos que lidam com qualidade de vida, promoção da cidadania e da justiça social;
- segundo desafio – escolher os instrumentos de avaliação para que as informações obtidas, além de registrarem as conclusões sobre um projeto em um dado momento, possam ser divulgadas em outras áreas da organização e para outras partes interessadas;
- terceiro desafio – mudar a cultura institucional para que a avaliação não pareça uma ameaça, e sim uma ferramenta que auxilie na tomada de decisões e que possa trazer benefícios tanto para organização quanto para os outros atores envolvidos em seus projetos e atividades.

Formas de avaliação

Na avaliação da eficácia de um projeto ou programa, devemos analisar até que ponto os benefícios previstos e o impacto esperado estão sendo alcançados e mesmo se esses resultados são pertinentes.

Na avaliação da eficiência de um projeto ou programa, devemos analisar a rentabilidade econômica, isto é, o custo do projeto em relação aos resultados obtidos.

A avaliação pode incluir atividades de planejamento, de execução ou os resultados de um projeto social. Por meio da avaliação, os gestores podem:

- testar sua viabilidade;
- conhecer o impacto de suas ações;
- conhecer melhor as necessidades e a percepção dos beneficiários do projeto;
- verificar se as ações desenvolvidas poderão alcançar os objetivos e resultados previstos.

Fazem parte do processo de avaliação:

- o planejamento do processo de avaliação;
- o levantamento de dados;
- a sistematização e o processamento dos dados;
- a análise das informações;
- a elaboração do relatório com os resultados encontrados;
- a análise de êxitos, fracassos e recomendações;
- a disseminação das conclusões e recomendações junto aos funcionários e às partes interessadas.

Para que um projeto social seja avaliado, é necessário que sejam medidos os impactos diretos do programa no público-alvo ou em toda a população afetada.

Podem ser considerados como exemplos de impactos de programas sociais:

- menor evasão escolar;
- maior aproveitamento escolar – medido por testes padronizados;
- maior probabilidade de obtenção de emprego;
- menores gastos com médicos e remédios;
- maior expectativa de vida;
- menor índice de mortalidade infantil;
- maior altura dos indivíduos;
- menores horas de trabalho infantil, entre outros.

Planejamento da avaliação

Planejar a avaliação é a etapa mais complexa de todo o processo porque envolve questões metodológicas e decisões estratégicas, que demandam tempo e energia dos gestores. Se realizado de forma inadequada, o planejamento da avaliação pode comprometer as demais etapas do processo.

Para planejar a avaliação, é necessário definir os objetivos e as questões centrais a serem respondidas, e decidir se o projeto vai ser avaliado desde a fase de planejamento, durante sua execução ou somente após seu término.

Com base nas decisões tomadas, é possível planejar a avaliação escolhendo as abordagens metodológicas mais apropriadas, as variáveis e os indicadores que serão utilizados.

Tipos de avaliação

Entre os tipos de avaliação que uma organização pode adotar, destacamos alguns:

- avaliação de viabilidade – realizada antes da execução do projeto ou programa. Possibilita avaliar a pertinência, a viabilidade e a eficácia do projeto. As informações obtidas podem ajudar a decisão sobre a conveniência de executar ou não um projeto ou programa, levando em conta a coerência entre as atividades propostas e a realidade que

se pretende modificar, bem como a relação entre recursos disponíveis e objetivos ou metas a alcançar;
- monitoramento – realizado durante a execução do projeto ou programa. Verifica se as atividades realizadas e os resultados obtidos estão de acordo com o planejado inicialmente;
- avaliação de resultados – realizada logo após a execução do projeto ou programa para verificar se os objetivos e as metas previstos foram alcançados. Coleta dados importantes para analisar efetividade, eficácia e eficiência do projeto ou programa;
- avaliação de impacto – realizada após a conclusão do projeto ou programa para analisar seu impacto sobre a situação inicial. Verifica se os indicadores identificados inicialmente – como melhorias nas condições de vida do público-alvo – foram afetados positivamente pela execução do projeto;
- avaliação participativa – inclui a consulta às populações beneficiadas na análise e na definição dos objetivos, das metas e das atividades do projeto ou programa a ser executado.

Questões metodológicas

Após definir os objetivos e o tipo de avaliação que será utilizada, podemos decidir sobre as questões metodológicas da avaliação:

- identificar o universo de estudo e os informantes potenciais;
- definir as fontes de informação que serão utilizadas – dados secundários e primários;
- determinar a população e os procedimentos de amostragem que serão utilizados;
- definir os métodos e decidir sobre os instrumentos para a coleta de dados;
- decidir sobre a metodologia de análise dos dados que serão levantados.

Quem avalia

Finalmente, é preciso definir quem vai realizar a avaliação dos projetos ou programas da organização. Nesse sentido, a avaliação pode ser:

- avaliação externa – utiliza especialistas não vinculados à organização executora do projeto. Tem a vantagem de ser realizada por especialistas que não estão envolvidos nem com o projeto, nem com a instituição e seus possíveis grupos em conflito. Como desvantagem, os especialistas externos não conhecem a fundo a instituição e suas atividades, podendo não perceber aspectos importantes para a avaliação;
- avaliação interna – utiliza técnicos da própria instituição que não são diretamente responsáveis pela execução do projeto. Tem como vantagem o fato de os técnicos conhecerem a organização e, possivelmente, o projeto que está sendo executado. Como desvantagens, a possibilidade de que aspectos negativos do projeto sejam minimizados e os positivos sejam ampliados, mascarando seu desempenho. A avaliação interna pode também ser prejudicada por disputas internas entre grupos da instituição;
- avaliação mista – utiliza uma combinação das duas anteriores. Pode ser conveniente para tirar proveito das vantagens de cada um dos tipos anteriores;
- autoavaliação – é realizada pelas próprias pessoas encarregadas da execução do projeto.

Qualquer que seja o tipo de avaliação utilizado, é importante levar em consideração a opinião do público-alvo sobre o projeto.

As informações obtidas do público-alvo podem ajudar a entender as razões do sucesso ou do fracasso de um projeto e servem de ensinamento para atividades futuras da instituição, em áreas semelhantes.

Sobre responsabilidade socioambiental

Balanço social

Devido à crescente importância mundial do tema responsabilidade socioambiental – ou, mais simplesmente, responsabilidade social –, os relatórios das empresas sobre essa questão transformaram-se em instrumentos de marketing para a conquista de novos clientes e mercados.

No Brasil, durante os anos 1980, a Associação dos Dirigentes Cristãos de Empresas (ADCE) e a Fundação Instituto de Desenvolvimento Empresarial e Social (Fides) deram os primeiros passos para a divulgação de um relatório social. A Nitrofértil (Bahia) elaborou, em 1984, o primeiro Relatório Social do país.

Em 1997, o sociólogo Herbert de Souza (o Betinho) e o Instituto Brasileiro de Análises Sociais e Econômicas (Ibase) criaram o conceito de empresa-cidadã e um modelo de relatório social, que denominaram balanço social.

A tendência mundial é consolidar os relatórios de desempenho econômico, ambiental e social em um único relatório de sustentabilidade.

Balanço social do Ibase

O balanço social é um demonstrativo publicado, anualmente, por uma empresa, de forma voluntária, reunindo um conjunto de informações sobre:

- declaração de princípios;
- programas sociais em âmbito interno e externo;
- benefícios;
- ações ambientais;
- relação com fornecedores;
- metas propostas e alcançadas;
- desafios futuros.

Segundo Luiz Chor,[47] presidente do Conselho Empresarial de Responsabilidade Social da Firjan: "O balanço social é um importante instrumento para o autoconhecimento da empresa e deve ser resultado de um amplo processo participativo que envolva as comunidades externa e interna".

Essas informações são dirigidas aos empregados, investidores, analistas de mercado, acionistas e à comunidade em geral. Diferentemente dos relatórios anuais das empresas cujo público-alvo são os acionistas, o balanço social é um instrumento para tornar pública e avaliar a responsabilidade social corporativa das empresas que o publicam.

O balanço social do Ibase:

- estimula todas as empresas a divulgarem seus balanços sociais, independentemente de tamanho e de setor;
- permite que a sociedade e o mercado sejam os grandes auditores do processo e dos resultados alcançados;
- é constituído de indicadores sociais internos e externos, indicadores ambientais, informações sobre o corpo funcional e sobre a cidadania empresarial.

O balanço social deve conter informações qualitativas e quantitativas de como a empresa está desempenhando ações socioambientais e sua relação com os *stakeholders*. O Instituto Ethos[48] considera o balanço social como:

> [...] *uma ferramenta de gestão, na medida em que permite a mensuração do desempenho de sua gestão, do ponto de vista da responsabilidade social, bem como uma oportunidade de diálogo e de estreitamento de relações da empresa com a sociedade.*

O Ibase desenvolveu um modelo simples de balanço social, em parceria com diversos representantes de empresas públicas e privadas, a partir de inúmeras reuniões e debates com setores da própria sociedade.

---

[47] CHOR, Luiz. *Conselho Empresarial de Responsabilidade Social da Firjan*, 2006. Disponível em: <www.firjan.org.br>.
[48] INSTITUTO ETHOS, 2005. Disponível em: <www.ethos.org.br>.

Atualmente, o modelo de balanço social do Ibase é usado como base para a elaboração de balanços sociais de empresas que adotaram formatos diferentes.

No *site* do Ibase <www.ibase.br>, pode ser encontrado o modelo para a elaboração do balanço social Anual 2004, acompanhado das instruções para preenchimento. A planilha do balanço social reúne informações como:

- receita líquida, resultado operacional, folha de pagamentos bruta;
- indicadores sociais internos – como alimentação, previdência privada, saúde, segurança e medicina do trabalho, capacitação e desenvolvimento profissional, creches ou auxílio-creche, participação nos lucros ou resultados;
- indicadores sociais externos – como educação, cultura, esportes, combate à fome;
- indicadores ambientais – como investimentos em meio ambiente;
- indicadores do corpo funcional – como número de empregados, número de admissões no período, número de empregados terceirizados, número de mulheres;
- informações relevantes quanto ao exercício da cidadania empresarial – como relação entre a maior e a menor remuneração na empresa, número total de acidentes do trabalho, liberdade sindical e direito de negociação coletiva, participação de empregados em programas de trabalho voluntário, número total de reclamações e críticas de consumidores, porcentagem de reclamações e críticas solucionadas.

O Ibase desenvolveu modelos de balanços sociais mais simples para médias e pequenas empresas, para cooperativas e para instituições de ensino, fundações e organizações sociais. Em seu *site*, podem ser encontrados os balanços sociais anuais das empresas que aderiram a essa prática.

Selo Balanço Social

Para estimular a participação das empresas, o Ibase lançou, em 1998, o Selo Balanço Social Ibase/Betinho, conferido, anualmente, a todas as empresas que publicam seus balanços sociais usando o modelo, a metodologia e os critérios propostos por Betinho.

O Selo Balanço Social demonstra que a empresa está comprometida com a qualidade de vida dos funcionários, da comunidade e do meio ambiente.

Em 2002, várias instituições brasileiras, como o Ibase, o Instituto Ethos de Empresas e Responsabilidade Social, a Associação dos Analistas e Profissionais de Investimento do Mercado de Capitais (Apimec) e a Fundação Instituto de Desenvolvimento Social e Empresarial (Fides) promoveram a primeira edição do Prêmio Balanço Social. Já na segunda edição do Prêmio, em 2003, participaram 312 empresas, o que demonstra a importância dedicada a esse assunto, com muitas empresas já tendo incorporado a prática do balanço social em seus relatórios financeiros e de desempenho.

O Ibase suspendeu, em 2008, a entrega do Selo Balanço Social Ibase/Betinho, que está em fase de avaliação e reformulação.

Global Reporting Initiative

O Global Reporting Initiative (GRI) é uma organização que tem como objetivo melhorar a qualidade, o rigor e a aplicabilidade dos relatórios de sustentabilidade. O GRI desenvolveu um padrão de relatório global de balanço social para a avaliação do grau de responsabilidade social e ambiental de empresas de todo o mundo. A cada dois anos, o GRI consulta 2 mil pessoas – empresários, investidores, consultores, sindicalistas, pesquisadores, ambientalistas, em 75 países – para rever seus índices.

Em 2002, 135 empresas usaram os indicadores da GRI para elaborar seus relatórios anuais. Entre as brasileiras que já adotaram esses indicadores, estão a Petrobras, Natura, Belgo-Mineira, Aracruz Celulose, O Boticário e Companhia Siderúrgica Tubarão (CST).

Balanço social do Ethos

O relatório de indicadores de responsabilidade social pode ser utilizado como um instrumento de diagnóstico e de gestão, pois agrupa informações relevantes sobre o papel social da empresa, permitindo acompanhar a evolução e a melhoria de seus indicadores. A publicação do balanço social possibilita o diálogo com os diferentes públicos envolvidos no negócio da empresa – público interno, fornecedores, consumidores/clientes, comunidade, meio ambiente, governo e sociedade.

O relatório do Ethos deve apresentar um demonstrativo do balanço social desenvolvido pelo Ibase, além de iniciativas de interesse da sociedade e de promoção da responsabilidade social em nível local, nacional e global. O relatório do Ethos deve, também, conter informações sobre o perfil do empreendimento, o histórico da empresa, seus princípios e valores, a governança corporativa, o diálogo com partes interessadas e os indicadores de desempenho econômico, social e ambiental.

Autoavaliações

Questão 1:

Para demonstrar seu comprometimento com as questões ambientais e sociais, as empresas devem atender à legislação de seu país.

Dessa forma, a Associação Brasileira de Normas Técnicas (ABNT) lançou, recentemente, a norma:

a) SA 8000.
b) ISO 26000.
c) NBR 16001.
d) NBR 14001.

Questão 2:

Em 1946, a ISO foi estabelecida como confederação internacional de Órgãos Nacionais de Normalização (ONN) de todo o mundo. Todos os documentos da ISO são revistos a cada cinco anos.

Podemos afirmar que a ISO tem como meta:

a) publicar normas que estabeleçam práticas nacionalmente aceitas.
b) atender todos os órgãos voltados para a causa do meio ambiente.
c) estabelecer normas para a atuação internacional do meio ambiente.
d) publicar documentos que estabeleçam práticas internacionalmente aceitas.

Questão 3:

O Comitê Técnico de Gestão Ambiental (ISO/TC 207), no momento atual, tem cinco subcomitês, que cuidam dos elementos da gestão ambiental regidos pela ISO 14000. Um desses elementos é o Sistema de Gerenciamento Ambiental (SGA).

Os subcomitês do TC 207 atuam com diferentes questões, por exemplo, o SC1, que trata de:

a) Rotulagem Ambiental.
b) Auditorias Ambientais.
c) Sistemas de Gestão Ambiental.
d) Avaliação de Performance Ambiental.

Questão 4:

Para acompanhar o desenvolvimento das Normas ISO 14000 e influir nesse processo, a ABNT criou o Comitê Brasileiro de Gestão Ambiental (CB-38), com estrutura semelhante ao ISO/TC 207 e seus subcomitês.

Em vista disso, podemos afirmar que o CB-38 possui:

a) oito comitês.
b) seis comitês.
c) nove comitês.
d) cinco comitês.

Questão 5:

A gestão ambiental – aplicada de forma sistemática desde o início dos anos 1990 – é uma importante ferramenta de modernização e melhoria da competitividade das indústrias. Esse sistema inclui definições de estrutura organizacional e planejamento de atividades.

Podemos definir sistema de gestão ambiental (SGA) pela:

a) alta direção da empresa em função de sua política ambiental.
b) baixa direção da empresa em função de sua política ambiental.
c) média direção da empresa em função de sua política ambiental.
d) falta de direção da empresa em função de sua política ambiental.

Questão 6:

Em 1993, a ISO estabeleceu o Comitê Técnico de Gestão Ambiental (ISO/TC 207), que se destinava ao desenvolvimento de uma série de normas internacionais de gestão ambiental e cuja estrutura era constituída por subcomitês.

Com relação ao SC3, podemos afirmar que se refere à competência de:

a) sistemas de gestão.
b) rotulagem ambiental.
c) auditorias ambientais.
d) desempenho ambiental.

Questão 7:

As grandes empresas começaram a ser pressionadas para publicar, anualmente, um relatório sobre seu desempenho ambiental. A partir de 2006, outras normas foram sendo desenvolvidas, por exemplo, a SA 8000 e a OHSAS 18001.

Com relação à Norma OHSAS 18001, podemos afirmar que ela trata de:

a) trabalho infantil.
b) jornada de trabalho.
c) segurança do trabalhador.
d) direito à negociação coletiva.

Questão 8:

A ABNT desenvolveu a Norma NBR 16001:2004 – Norma Brasileira sobre Responsabilidade Social –, que estabelece os requisitos mínimos para um sistema de gestão da responsabilidade social. Nesse sentido, apenas uma norma será desenvolvida e não haverá certificação de terceira parte.

Desse modo, a NBR 16001:2004 permite à organização formular e implantar uma política de objetivos que leve em conta:

a) a promoção dos funcionários ativos.
b) a publicação de relatórios econômicos.
c) a promoção do desenvolvimento sustentável.
d) o lucro da empresa na área do meio ambiente.

Questão 9:

A avaliação de um projeto social, durante sua vigência, permite que sejam tomadas decisões de reformulação visando à promoção de melhorias e ao alcance dos objetivos propostos.

Podemos afirmar que a avaliação de um projeto deve se realizar:

a) no meio da execução do projeto.
b) antes do planejamento do projeto.
c) ao longo da realização do projeto.
d) no início do planejamento do projeto.

Questão 10:

As empresas, anualmente, divulgam um demonstrativo sobre seus projetos sociais. Nesse documento, são catalogadas informações referentes aos projetos sociais e aos benefícios gerados à comunidade. O demonstrativo oferece transparência à empresa e possibilita a avaliação de sua responsabilidade social.

Estamos fazendo referência:

a) ao Balanço Social.
b) à Avaliação de Projetos Sociais.
c) ao Global Reporting Initiative (GRI).
d) aos Relatórios sobre Responsabilidade.

Vocabulário

Vocabulário

A

Ações de responsabilidade social – programas de ação social na comunidade.

Ambiente externo – governo, comunidade, meio ambiente, etc.

Augusto Cruz – formado em economia pela USP, trabalhou na assessoria econômica da Federação das Indústrias do Estado de São Paulo (Fiesp), na Secretaria de Planejamento do Estado de São Paulo, na Tintas Coral e no Grupo Bunge.

Além disso, trabalhou por 11 anos no Grupo Pão de Açúcar, onde foi diretor financeiro e presidente. Após sua saída, foi contratado pelo Frigorífico Friboi – o maior do país – como vice-presidente administrativo e financeiro da empresa.

Anna Peliano – pós-graduada em política social pela Universidade de Brasília e socióloga graduada pela Universidade Federal de Juiz de Fora, Minas Gerais. Foi diretora de política social do Instituto de Pesquisa Econômica Aplicada (Ipea) e membro do Conselho Nacional de Segurança Alimentar (Consea). Em atividade pública, participou da elaboração de diversos planos e programas federais em política social. Coordenou o Núcleo de Estudos da Fome da Universidade de Brasília, elaborou o Mapa da Criança para o Conselho Nacional dos Direitos da Criança e do Adolescente, foi coordenadora da elaboração das três versões do Mapa da Fome no Ipea e foi secretária-executiva do Programa Comunidade Solidária.

Associação Brasileira de Normas Técnicas (ABNT) – órgão privado responsável pela normalização técnica no país. Membro fundador da

International Organization for Standardization (ISO), da Comissão Pan-Americana de Normas Técnicas (Copant) e da Associação Mercosul de Normalização (AMN).

Avaliação de impacto – uma avaliação importante para aprendizado da organização e aplicação desse aprendizado em outros projetos – futuros ou em andamento.

Avaliação participativa – pode ser usada em qualquer etapa do projeto e procura superar deficiências das abordagens tradicionais, nas quais os beneficiários do projeto não eram devidamente consultados sobre suas prioridades e preferências. Esse tipo de avaliação estimula a comunicação entre usuários e gestores.

B

Balanço social – demonstrativo anual que reúne dados sobre ações sociais, benefícios e projetos desenvolvidos pelas empresas. Constitui um instrumento estratégico para avaliar e melhorar o exercício da responsabilidade social corporativa.

Betinho – cf. Herbert de Souza.

Biosfera – parte da Terra onde a vida é possível, compreendendo a superfície terrestre, a porção inferior da atmosfera e os oceanos. Tem sofrido alterações significativas com a intervenção humana.

Breu-branco – resina macia de odor natural agradável, produzida por árvore de mesmo nome, nativa da região amazônica. Utilizada como defumador, combustor para o fogo ou ingrediente para calafetação das canoas.

C

Cadeia de valor da empresa – ligada às atividades produtivas e à relação com os fornecedores, clientes e funcionários da empresa.

Carly Fiorina – graduada em história medieval e filosofia pela Stanford University e mestre em administração de empresa pela University of Maryland at College Park.

Foi presidente e *chief executive officer* (CEO) da Hewlett-Packard Company (HP) de 1999 a 2005. Antes de ingressar na HP, passou quase 20 anos na AT&T e na Lucent Technologies, ocupando diversos cargos de liderança.

Foi nomeada membro honorário da London Business School em julho de 2001. Em 2002, foi homenageada com o Appeal of Conscience Award e, em 2003, recebeu o Concern Worldwide Seeds of Hope Award em reconhecimento aos seus esforços por uma cidadania global como prioridade dos negócios.

Castanha-do-pará – fruto da castanheira-do-pará, muito utilizado para a confecção de confeitos e doces diversos. É um dos principais produtos de exportação do Pará.

Ciclos de vida – processo que inclui extração e produção das matérias-primas, transporte, energia necessária, fabricação, distribuição, uso e disposição final dos produtos.

Clorofluorcarbono (CFC) – substância química artificial, utilizada principalmente em refrigeradores, condicionadores de ar e aerossóis. Além de destruir a camada de ozônio, é um gás que provoca o efeito estufa.

Clube de Roma – organização internacional que busca analisar os problemas-chave da humanidade. É formado por vários cientistas e líderes mundiais, além de um seleto grupo de 30 pessoas, que participa de reuniões anuais e gera um documento próprio a partir dessa análise. Para saber mais, acesse <www.clubofrome.org>.

Dióxido de carbono (CO_2) – conhecido como gás carbônico, é resultante de processos de combustão e da degradação natural da matéria orgânica. Pode ser tóxico e, a partir de determinada concentração, pode causar a morte. É um gás que contribui para o aumento do efeito estufa, que aquece o planeta.

Comissão Brundtland – nome pelo qual ficou conhecida a Comissão Mundial Independente sobre Meio Ambiente e Desenvolvimento, em alusão a Gro Harlem Brundtland, que a presidiu entre 1983 e 1987.

Comitê Brasileiro do Pacto Global – grupo menor, representativo de organizações e de empresas, que deverá orientar, facilitar e encorajar as signatárias e outras partes interessadas a fazer parte do PG e desenvolver programas relacionados aos 10 princípios.

Confederação Nacional da Indústria (CNI) – entidade máxima de representação do setor industrial brasileiro, criada em 12 de agosto de 1938, o CNI coordena um sistema formado pelas 27 Federações de Indústria dos Estados e do Distrito Federal e administra o Serviço Nacional de Aprendizagem Industrial (Senai), o Serviço Social da Indústria (Sesi) e o Instituto Euvaldo Lodi (IEL).

Conferência de Estocolmo – conferência das Nações Unidas sobre o Meio Ambiente Humano, realizada em Estocolmo no ano de 1972. Inseriu o debate sobre a questão ambiental associada à existência crescente de pobreza, do subdesenvolvimento e da necessidade de crescimento econômico. Trouxe uma nova percepção sobre conservação, preservação e uso dos recursos naturais.

Conselho Empresarial Mundial para o Desenvolvimento Sustentável (CEMDS) – em inglês, World Business Council for Sustainable Development (WBCSD), aliança de 180 companhias internacionais unidas por um compromisso compartilhado de desenvolvimento sustentável baseado em três pilares: crescimento econômico, equilíbrio ecológico e progresso social. Seus membros são selecionados dentre mais de 35 países e dos 20 principais setores industriais.

Copaíba – árvore tropical, também conhecida como pau-de-óleo ou bálsamo. Tem maior incidência no Brasil, sobretudo na Amazônia. Produz uma resina chamada óleo de copaíba.

D

Desenvolvimento sustentável – equilíbrio entre desenvolvimento, meio ambiente e questões socias, de maneira a preservar a qualidade de vida e o bem-estar da sociedade, levando em conta fatores como a sustentabilidade futura e a justiça social.

E

Eficácia – conceito relacionado à ideia de fazer as coisas de forma correta, atingindo resultados. Diz respeito aos objetivos propostos, ou seja, a relação entre os resultados propostos e os atingidos. Muito ligada à ideia de eficiência, que diz respeito a fazer as coisas da melhor maneira possível, fazer bem feito. Nesse sentido, eficiência é cavar um poço artesiano com perfeição técnica; já eficácia é encontrar a água.

Eficiência – relação entre objetivos pretendidos e resultados efetivamente alcançados. Quanto mais próximos forem os resultados dos objetivos pretendidos, mais eficiente é o sistema.

Emílio Odebrecht – pioneiro da família Odebrecht no ramo de construção, mais especificamente na fabricação de cimento armado. Considerado como empresário-construtor fundou, inicialmente, a Isaac Gondim & Odebrecht, primeira empresa de construção do Nordeste com *know-how* na nova técnica. E, em seguida, a Odebrecht & Cia., nova empresa, teria participação ativa nas obras realizadas durante o governo de Sérgio Loreto, abrindo filiais em outras cidades do Brasil. Em 1940, seu filho, Norberto Odebrecht, assume os negócios da família e funda a empresa que dá origem à Organização Odebrecht.

Execução – se a decisão for pela execução, as informações da avaliação *exante* podem ajudar na seleção das alternativas de ação e sua priorização, com o objetivo de maximizar o retorno do investimento social.

Ezequiel Ander Egg – pedagogo, sociólogo e cientista político argentino nascido em 1930. Escritor prolífico, somando trabalhos individuais e coletivos, é autor de quase uma centena de livros, entre os quais se destacam *Técnicas de investigación social*, *Léxico de la promoción sociocultural*, *Desafíos de la Reconceptualización* e *Globalización: el proceso en el que estamos metidos*.

F

Federação das Indústrias do Estado do Rio de Janeiro (Firjan) – Instituição que desenvolve e coordena estudos, pesquisas e projetos para orientar as ações de promoção industrial e novos investimentos no estado do Rio de Janeiro. Seus Conselhos Empresariais temáticos e Fóruns Empresariais setoriais discutem tendências e lançam diretrizes para ações de apoio e assessoria às empresas.

Fernando Alves – cientista político, com especializações em história do Brasil República e gestão de recursos humanos. Foi secretário municipal de Administração e secretário dos Direitos de Cidadania da Prefeitura de Belo Horizonte. É presidente da Rede Cidadã, criador da Social Designing, empresa de criação de estratégias sociais para programas empresariais de responsabilidade social, secretário executivo do Conselho de Cidadania Empresarial e Voluntários das Gerais do Sistema Federação das Indústrias de Minas Gerais (Fiemg).

Fundo Voluntário para o Meio Ambiente – fundo formado por contribuições voluntárias dos países, gerido pelo Programa das Nações Unidas para o Meio Ambiente (Pnuma), o qual tem como objetivo coordenar e catalisar as atividades de proteção ambiental dentro do sistema das Nações Unidas e entre vários organismos de âmbito regional e internacional.

G

Gases estufa – CO_2, metano, vapor d'água, entre outros. Absorvem parte da radiação infravermelha (calor) emitida pela superfície da Terra, ao ser aquecida pelos raios solares.

Global Reporting Initiative – lançada em 1997, nos Estados Unidos, como uma iniciativa conjunta da organização não governamental Coalizão por Economias Ambientalmente Responsáveis – em inglês, Coalition for Environmentally Responsible Economies (Ceres) –, e do Programa das Nações Unidas para o Meio Ambiente (Pnuma).

Gro Harlem Brundtland – mestre em saúde pública e presidente do Partido dos Trabalhadores da Noruega entre 1981 e 1992, Brundtland foi a primeira mulher a ser nomeada primeira-ministra do país. Obteve grande prestígio internacional como presidente da Comissão Mundial Independente sobre Meio Ambiente e Desenvolvimento da ONU, depois de tornar público, em 1987, seu relatório "Nosso Futuro Comum". Teve, na rejeição à proposta de ingresso da Noruega na Comunidade Europeia, em 1994, uma importante derrota política, da qual se retirou em 1996. Presidiu a Organização Mundial da Saúde (OMS).

Grupo Pão de Açúcar – grupo varejista de maior destaque no país, fundado há 54 anos, presente em 12 estados brasileiros. Suas 504 lojas possuem mais de 1 milhão de metros quadrados em área de vendas e empregam cerca de 60 mil pessoas. É uma empresa de capital aberto, tendo como parceiro internacional a rede francesa Casino Guichard. Tem como sustentação sua sólida estrutura de capital, as inovações tecnológicas e a orientação para as pessoas.

H

Herbert de Souza – sociólogo, completou o curso de política e de administração pública na Faculdade de Ciências Econômicas da Universidade de Minas Gerais. Atuou na liderança nacional dos grupos de juventude católica que representavam as aspirações de transformação social e participou das conquistas pelas reformas de base. Exerceu funções de coordenação e assessoria no Ministério da Educação e Cultura e na Superintendência de Reforma Agrária e elaborou estudos sobre a estrutura social brasileira para a Comissão Econômica para a América Latina (Cepal), da ONU. Foi professor na Faculdad Latinoamericana de Ciencias Sociales, em Santiago, e assessor do presidente Allende.

I

Idade Média – período da história que se iniciou na Europa com as invasões germânicas (bárbaras), no século V, sobre o Império Romano do Ocidente. Estendeu-se até o século XV, com a retomada comercial e o renascimento urbano. Teve como características o enfraquecimento comercial, a supremacia da Igreja Católica, o sistema de produção feudal e a sociedade hierarquizada, além de apresentar uma economia ruralizada.

Indira Gandhi – primeira mulher a ocupar o cargo de chefe do governo indiano. Brilhante política, estrategista e pensadora, possuía grande ambição política. Seus primeiros anos na política foram dedicados a ajudar o pai (Nehru), primeiro-ministro, exercendo o cargo de presidente do Congresso. É também considerada a iniciadora do programa nuclear indiano. Não tinha parentesco com o Mahatma Gandhi. Seu sobrenome era do marido Feroze Gandhi, que havia mudado seu sobrenome para Gandhi por razões políticas.

Iniciativa Financeira do Pnuma – Unep Finance Initiative (Innovative financing for sustainability). Unidade do Setor de Economia e Comércio (Economics and Trade Branch) da Divisão de Tecnologia, Indústria e Economia do Pnuma. É localizada em Genebra.

Inmetro – autarquia federal, vinculada ao Ministério do Desenvolvimento, Indústria e Comércio Exterior. É o órgão Executivo do Sinmetro e atua como Secretaria Executiva do Conselho Nacional de Metrologia, Normalização e Qualidade Industrial (Conmetro).

Instituto ADVB de Responsabilidade Social (Ires) – criado pela Associação dos Dirigentes de Vendas e Marketing do Brasil (ADVB), com o intuito de divulgar ações, políticas e programas de Responsabilidade Social desenvolvidos pelas empresas.

Instituto de Pesquisa e Economia Aplicada (Ipea) – fundação pública federal criada há 40 anos, pioneira na disseminação de informações e de conhecimentos sobre a área econômica do país. Vinculado ao Ministério do Planejamento, Orçamento e Gestão, o Ipea produz pesquisas, projeções e estudos macroeconômicos, setoriais e temáticos com o intuito de subsidiar o governo na produção, análise e difusão de informações voltadas para o planejamento e a formulação de políticas.

Instituto Ethos – organização não governamental que reúne conhecimento, compartilhamento de experiências e desenvolvimento de ferramentas para o suporte de empresas que desejam analisar suas práticas de gestão e intensificar seu compromisso com a responsabilidade corporativa, participando, portanto, da construção de uma sociedade sustentável e justa. É uma referência internacional na área, tendo como associados empresas cuja característica principal é o interesse na criação de padrões éticos de relacionamento com funcionários, clientes, fornecedores, comunidade, acionistas, poder público e, também, com o meio ambiente.

Inter-American Foundation (IAF) – criada pelo Congresso dos Estados Unidos em 1969 para financiar projetos sociais na América Latina e Caribe. Na cidade do Rio de Janeiro, por exemplo, uma das comunidades atendidas é a do Caju, em virtude de seu baixo Índice de Desenvolvimento Humano (IDH) igual a 0,62. Acesse o *site* da IAF em <www.iaf.gov>.

ISO 14000 – conjunto de normas elaboradas para a gestão ambiental de empresas. No Brasil, são traduzidas pela ABNT e denominadas NBR ISO 14000. A série ISO 14000 está detalhadamente descrita no folheto da ISO, "Environmental Management – The ISO 14000 family of International Standards", de 2009, que está disponível no endereço <www.iso.ch>.

J

Jessica Stern – professora, pesquisadora e doutora em políticas públicas pela Universidade de Harvard, uma das maiores especialistas do mundo em armas de destruição em massa e terrorismo. Foi diretora do Departamento do Conselho de Segurança Nacional no governo Bill Clinton. Além de *Terror em nome de Deus: por que os militantes religiosos matam*, escreveu outros títulos relevantes como *The ultimate terrorists*.

K

Karideny Gomes – especialista em administração em recursos humanos, pelas Faculdades Integradas Espírito Santenses (Faesa). Socióloga pela Universidade Federal do Espírito Santo (Ufes) e Assessora da Segurança Pública da Prefeitura Municipal da Serra. Autora de *Responsabilidade social nas empresas: uma nova postura empresarial*.

Kofi Annan – cidadão do Gana, foi secretário-geral das Nações Unidas. Estudou na Universidade de Ciência e Tecnologia de Kumasi, no Gana, e completou o bacharelado em economia no Macalester College, em Saint Paul, Minnesota, Estados Unidos. Terminou sua licenciatura em economia no Institut universitaire des hautes études internationales, em Genebra. Como bolsista da Fundação Sloan no Massachusetts Institute of Technology, obteve um mestrado em gestão. Antes de ser nomeado secretário-geral, ocupou igualmente os cargos de subsecretário-geral e de secretário-geral adjunto para as Operações de Manutenção da Paz.

L

Léo Voigt – sociólogo, mestre em ciências políticas pela UFRGS, professor da PUCRS é superintendente da Fundação Abrinq, ex-presidente do Grupo de Institutos, Fundações e Empresas (Gife), membro do Conselho de Curadores da Fundação Projeto Pescar, diretor executivo da Fundação Maurício Sirotsky Sobrinho e diretor financeiro da Agência Nacional dos Direitos da Infância.

Lucien Laubier – biólogo e oceanógrafo francês nascido em 1936. Iniciou a carreira no laboratório Observatório Oceanográfico de Banyulssur-Mer. Tornou-se, mais tarde, conselheiro científico do Centre Nacional pour l'Exploitation des Océans (Cnexo), cuja fusão com o Institut Scientifique et Technique des Pêches Maritimes deu origem, em 1984, ao Institut Français de la Recherche pour l'Exploitation de la Mer (Ifremer), onde ocupou diversas funções, inclusive a de diretor.

Luiz Chor – filho mais velho de imigrantes judeus nascido no Rio de Janeiro em 1930. Ingressou, em 1949, na Escola Nacional de Engenharia da Universidade do Brasil – atual Escola Politécnica da Universidade Federal do Rio de Janeiro. É ex-presidente da Associação de Dirigentes de Empresas do Mercado Imboliário (Ademi), ex-vice-presidente executivo da Federação das Indústrias do Estado do Rio de Janeiro (Firjan) e ex-presidente do Conselho Empresarial de Responsabilidade Social da Federação.

M

Maria José Aguilar – doutora em sociologia e em ciências políticas, catedrática na Universidad de Castilla-La Mancha, Espanha, e responsável pelo Grupo Interdisciplinar de Estudos sobre Migrações, Interculturalidade e Cidadania (Giemic). Coautora, com Ezequiel Ander Egg, de *Como elaborar um projeto: guia para desenhar projetos*.

Materiais – equipamentos necessários ao trabalho.

Missão – razão de existir de uma organização, que constitui seus valores e objetivos. É um compromisso estabelecido que deverá ser cumprido. A missão faz parte da estratégia e é uma importante ajuda para a unificação e motivação dos membros de uma entidade.

Monitoramento – não é apenas um controle operacional do projeto, pois analisa os motivos das não conformidades e as deficiências do projeto, sugerindo os ajustes necessários, inclusive em relação aos objetivos e procedimentos operativos. Em casos extremos, pode até recomendar o cancelamento do projeto.

N

Nike – empresa de material esportivo com sede em Beaverton, Oregon. Suas instalações verdejantes perto de Portland refletem sua obsessão pelo desporto. Criou e desenvolveu seu próprio nome com base no entusiasmo da América pelo basquetebol e pelo *jogging*, ambos atualmente saturados. A publicidade da Nike centra-se na paixão pelo desporto, e o *slogan* "Just do it" transmite essa ideia. Recentemente, a Nike optou pelo *slogan* "I can" para reforçar a paixão da Nike.

O

Organização para Cooperação e Desenvolvimento Econômico (OCDE) – em inglês, Organisation for Economic Co-operation and Development (OECD), abriga 30 países-membros que têm como premissas a democracia e o livre mercado. A OCDE desempenha papel proeminente no desenvolvimento de governança pública e ação corporativa.

Oded Grajew – formado em engenharia elétrica na Escola Politécnica da Universidade de São Paulo e pós-graduado pela Escola de Administração de Empresas da Fundação Getulio Vargas, idealizou o Fórum Social Mundial. Foi membro do Comitê Internacional do Conselho Norte-Americano das Fundações (Council of Foundation) e membro do Conselho de Desenvolvimento Econômico e Social e do Conselho Consultivo do Global Compact, programa desenvolvido pelo secretário-geral da ONU, que procura mobilizar a comunidade empresarial internacional na promoção de valores fundamentais nas áreas de direitos humanos, relações de trabalho e meio ambiente. Foi presidente do Instituto Ethos.

Organização Internacional do Trabalho (OIT) – agência multilateral ligada à Organização das Nações Unidas (ONU), especializada nas questões do trabalho. Tem representação paritária de governos dos 175 Estados-membros e de organizações de empregadores e de trabalhadores. Com sede em Genebra, Suíça, a OIT tem uma rede de escritórios em todos os continentes.

Organização não governamental (ONG) – entidade comunitária que não possui nenhum vínculo com o governo municipal, estadual ou federal. Não possui interesse comercial direto, não tem fins lucrativos e atende aos membros da comunidade. O termo ONG foi usado pela primeira vez em 1950, pela Organização das Nações Unidas (ONU) para definir toda organização da sociedade civil que não estivesse vinculada a um governo.

Organização das Nações Unidas (ONU) – organização sediada em Nova Iorque, configura-se pela união de países voltados para a promoção da paz mundial, da segurança e da colaboração internacional por meio de missões de paz, de programas econômicos, sociais e educacionais, e de outras atividades. Fundada em 24 de outubro de 1945, após a II Guerra Mundial.

P

Pacto Global – resultado de um convite efetuado ao setor privado pelo então secretário-geral das Nações Unidas, Kofi Annan, para que, juntamente com algumas agências das Nações Unidas e atores sociais, contribuísse para avançar a prática da responsabilidade social corporativa, na busca de uma economia global mais sustentável e inclusiva.

Painel de Peritos em Desenvolvimento e Meio Ambiente – painel realizado em Founex, na Suíça, em 1971, em que países em desenvolvimento e desenvolvidos discutiram questões sobre problemas ambientais. Iniciou o relacionamento meio ambiente e desenvolvimento, defendendo que esses conceitos não eram incompatíveis – a conservação do meio ambiente não era barreira para o desenvolvimento, mas parte do processo em construção.

Paul Hollesen – vice-presidente de Meio Ambiente e Relações com Comunidades da AngloGold Ashanti, África do Sul.

Paulo Itacarambi – engenheiro civil, mestre em administração pública e especialista em planejamento estratégico e *coaching* organizacional.

Atual diretor executivo do Instituto Ethos de Empresas e Responsabilidade Social, já atuou como professor universitário na Universidade Federal de São Carlos, consultor em Planejamento e Administração, diretor da consultoria Oficina Consultores Ltda., presidente do Conselho de Administração e diretor-presidente da empresa pública Anhembi Turismo e Eventos da Cidade São Paulo.

Paulo Nogueira Neto – professor e pesquisador especializado em apicultura graduado em ciências jurídicas e sociais e em história natural, além de doutor em Ciências Biológicas pela Universidade de São Paulo (USP). Dirigiu, de 1974 a 1986, a Secretaria Especial de Meio Ambiente (Sema). Foi membro da Comissão Brundtland de Meio Ambiente e Desenvolvimento da Organização das Nações Unidas (ONU), a qual cunhou o conceito de desenvolvimento sustentável.

Presidiu a Associação de Defesa do Meio Ambiente do Estado de São Paulo (Adema-SP) e a Fundação Florestal. É ainda presidente emérito do Conselho Diretor da WWF há mais de 14 anos, membro da SOS Mata Atlântica e um dos idealizadores do Conselho Nacional do Meio Ambiente (Conama).

Princípios da governança corporativa – aprovados em 1999, após serem discutidos com governos, iniciativa privada e organizações internacionais, têm sido utilizados em países-membros e não membros da OCDE e pelo setor financeiro internacional, incluindo o Banco Mundial e do Fundo Monetário Internacional (FMI).

A revisão dos princípios, publicada em 2004, foi baseada em pesquisa sobre as dificuldades dos países-membros para sua implementação. Os países industrializados e vários países em desenvolvimento solicitaram à OCDE e ao Banco Mundial que promovessem a governança corporativa nos mercados emergentes. Foram discutidos os princípios que deveriam ser prioritários em cada região, e cada país deverá desenvolver, implementar e reforçar políticas para a governança corporativa. A OCDE deverá monitorar o processo e comparar as experiências.

Produto Interno Bruto (PIB) – Soma de todos os bens produzidos em uma determinada região e de todos os recursos pertencentes àquela região, durante um determinado período.

Programa das Nações Unidas para o Meio Ambiente (Pnuma) – programa do Sistema ONU, criada em 1972, responsável por catalisar a ação internacional e nacional para a proteção do meio ambiente no contexto do desenvolvimento sustentável. Tem sede no Quênia e atua em cinco escritórios regionais, além de outros parceiros.

R

Recursos humanos – funcionários e suas horas de trabalho, dentro ou fora do horário de expediente.

Relatório de sustentabilidade – demonstração pública da responsabilidade corporativa com as questões ambientais, sociais e econômicas. É um veículo de comunicação entre a comunidade e os setores produtivos, que permite medir a evolução da empresa em relação a seus objetivos.

Requisitos subscritos pela organização – conjunto de normas estabelecidas por uma organização, a fim de direcionar a elaboração e a prática da política adotada pela mesma. A instituição deve apresentar comprometimento com esses elementos, bem como com os dos requisitos legais.

Revolução Industrial – processo que teve início no século XVIII, na Inglaterra, e logo se espalhou por toda a Europa. A expressão Revolução Industrial foi difundida a partir de 1845, por Engels, um dos fundadores do socialismo científico. O termo foi usado para designar o conjunto de transformações técnicas e econômicas que caracterizaram a substituição de energia física pela energia mecânica; da ferramenta pela máquina e da manufatura pela fábrica no processo de produção, o que, consequentemente, transformou a economia rural em economia urbana.

Ricardo Young – foi presidente do Conselho Deliberativo do Instituto Ethos e membro do Conselho de Desenvolvimento Econômico e Social

(CDES) da Presidência da República. Executivo com MBA em administração pública pela Fundação Getulio Vargas de São Paulo (FGV/SP) e pós-graduado em administração geral pela PDG Exec (Ibmec), é coordenador nacional do Pensamento Nacional das Bases Empresariais (PNBE), fundador e membro da Transparência Brasil e presidente do Centro Brasileiro de Filosofia para Crianças.

Rio-92 – forma pela qual ficou conhecida a Conferência das Nações Unidas sobre Meio Ambiente e Desenvolvimento (Cnumad), realizada no Rio de Janeiro, em 1992.

Rodolfo Guttilla – antropólogo e jornalista. Diretor de Assuntos Corporativos da Natura, presidente do Conselho Deliberativo da Associação Brasileira de Comunicação Empresarial (Aberje) e presidente da Associação Brasileira de Empresas de Venda Direta (Abevd).

S

Sandra Postel – geóloga e cientista política americana, especialista na questão do uso dos recursos globais de água. É diretora do Global Water Policy Project (Projeto Mundial de Políticas Referentes à Água) e membro sênior do Worldwatch Institute, organização de pesquisa que fornece informações a respeito de problemas globais emergentes. Autora de dois livros sobre o assunto, entre eles *Pillar of sand: can the irrigation miracle last?*, em que calcula a exaustão anual dos aquíferos.

Segunda Guerra Mundial – conflito iniciado em setembro de 1939, com a invasão da Polônia pela Alemanha nazista, comandada por Hitler. A Inglaterra declarou guerra à Alemanha temendo novas invasões e o fortalecimento do império alemão. O conflito estendeu-se na Europa até maio de 1945, quando os soviéticos hastearam sua bandeira vermelha sobre o Reichstag alemão, em Berlim. A guerra continuou no Oceano Pacífico até setembro de 1945, quando o Japão rendeu-se incondicionalmente, após os lançamentos, pelos EUA, de duas bombas atômicas em Hiroxima e Nagasáqui. Estima-se em 45 milhões o número de mortos na II Guerra Mundial. Desse total, 20 milhões eram soviéticos, 6 milhões eram poloneses e 5,5 milhões, alemães. Também, cerca de 5 milhões de judeus, de várias nacionalidades, foram vítimas do genocídio nazista.

Segundo setor – setor privado, isto é, as organizações do mercado. Composto por pessoas físicas e jurídicas, que produzem e comercializam bens e serviços.

Stakeholders/**partes interessadas** – grupo interessado no negócio da empresa, como:

- acionistas esperando retorno de investimento;
- funcionário interessado em remuneração adequada e desafios;
- clientes interessados em qualidade e preço no produto ou serviço comprado;
- comunidade interessada no zelo ambiental;
- governo interessado em mais postos de trabalho e recolhimento de impostos.

Os *stakeholders* podem ser:

- internos – colaboradores, proprietários, entre outros;
- externos – grupos de influência.

Esse termo designa, ainda, todas as pessoas ou empresas que são influenciadas, sob algum aspecto, pelas ações de uma organização.

Subcomitês – os SCs podem criar comissões de estudos, abertos à participação de universidades, ONGs e técnicos interessados em contribuir.

Sustentabilidade empresarial – a empresa é sustentável não apenas quando respeita o meio ambiente. Sua sustentabilidade também dependerá de sua competitividade, de sua relação com o meio ambiente natural e de sua responsabilidade social.

T

TC 207 – Comitê Técnico 207 da ISO, responsável pelo desenvolvimento das Normas Internacionais ISO 14000 de Gestão Ambiental. O campo de trabalho do TC 207 está em constante evolução. Em 2002, iniciou o desenvolvimento de Normas Internacionais na área de mudanças climáticas.

Terceiro setor – organizações sem fins lucrativos e não governamentais, que prestam serviços públicos. Corresponde ao termo ONG, habitualmente vinculado às organizações direcionadas a questões genéricas da comunidade, como meio ambiente, doenças infectocontagiosas, entre outras.

Trefilaria – atividade industrial com trabalho de metais em fio destinada à fabricação de pregos, produção de arames de aço macio, crus, plastificados, farpados, etc.

V

Visão – estado futuro desejável projetado pela organização para longo prazo.

Autoavaliações – Gabaritos e comentários

Módulo I – Desenvolvimento sustentável

Questão 1:

Gabarito: b

a) pelo aumento da produção agrícola, particularmente após a II Guerra Mundial.
b) **pelo aumento da produção industrial, particularmente após a II Guerra Mundial.**
c) pela diminuição da produção agrícola, particularmente após a II Guerra Mundial.
d) pela diminuição da produção industrial, particularmente após a II Guerra Mundial.

Comentários:

Enquanto a população era relativamente pequena e grande parte dela estava distribuída pelo campo, a capacidade de autodepuração da natureza impedia o aumento da poluição ambiental. O aumento da produção industrial trouxe outro problema – as substâncias químicas artificiais.

Questão 2:

Gabarito: c

a) o problema do aquecimento global, que gera aumento da concentração dos gases estufa.
b) os problemas sociais, que cresceram assustadoramente após o período da II Guerra Mundial.
c) **a escassez de recursos naturais, que seria um problema sério para o futuro da humanidade.**
d) a desigualdade social, que gera atritos entre os países industrializados e os em desenvolvimento.

Comentários:

O relatório praticamente não tocou nas questões sociais e não discutiu o aquecimento global. O documento revelou que, se perdurassem as mesmas taxas de crescimento demográfico, de industrialização e de utilização de recursos naturais, em meados do século XXI, ocorreriam fome, escassez de recursos naturais e altos níveis de poluição.

Questão 3:

Gabarito: d

a) da escassez da água.
b) do aquecimento global.
c) da desigualdade social.
d) de contenção do crescimento.

Comentários:

Naquela época, a preocupação central estava na política denominada crescimento zero. O relatório *Os limites do crescimento* mostrava que, para evitar a mortandade da população no século XXI e para que a população atingisse um estado de equilíbrio, seria necessário a imediata adoção de uma política mundial de contenção do crescimento.

Questão 4:

Gabarito: d

a) ter sido uma tentativa de refazer o modelo anterior presente no relatório *Os limites do crescimento.*
b) ter demonstrado que a solução para os problemas sociais dependia de um esforço para a conservação do meio ambiente.

c) ter apresentado propostas que contribuíram para a redução da diferença entre a renda média dos países industrializados e a dos países em desenvolvimento.
d) **ter mostrado que os problemas sociais decorrentes do desnível econômico ameaçavam a humanidade tanto quanto o esgotamento dos recursos naturais.**

Comentários:

O relatório mostrou que, antes de serem atingidos os limites físicos de nosso planeta – pelo crescimento populacional, pelo esgotamento dos recursos naturais e pela poluição –, ocorreriam grandes convulsões sociais, econômicas e políticas, provocadas pelo enorme desnível entre os países industrializados e os países em desenvolvimento.

Questão 5:

Gabarito: c

a) Programa do Clube de Roma.
b) Programa das ONGs ambientalistas.
c) **Programa das Nações Unidas para o Meio Ambiente (Pnuma).**
d) Programa do Conselho Empresarial Mundial para o Desenvolvimento Sustentável (CEMDS).

Comentários:

A Assembleia Geral das Nações Unidas – realizada no final de 1972 – aprovou a proposta para a criação do Programa das Nações Unidas para o Meio Ambiente (Pnuma). Esse programa criou e passou a gerir o Fundo Voluntário para o Meio Ambiente.

Questão 6:

Gabarito: d

a) um plano geral de ações que refletem o processo de manutenção da biosfera.
b) o crescimento populacional que permite maior atuação das nações em desenvolvimento.
c) o desenvolvimento econômico que possibilita maior equilíbrio entre nações industrializadas e em fase de desenvolvimento.
d) o atendimento às necessidades do presente sem comprometer a possibilidade de as gerações futuras atenderem suas próprias necessidades.

Comentários:

A Comissão Brundtland definiu desenvolvimento sustentável como aquele que atende às necessidades do presente sem comprometer a possibilidade de as gerações futuras atenderem suas próprias necessidades. A comissão sinalizava um caminho para que os povos do mundo pudessem ampliar suas formas de cooperação em busca do desenvolvimento sustentável.

Questão 7:

Gabarito: b

a) população + hábitos de consumo.
b) população × consumo de recursos *per capita*.
c) pegada ecológica + índice de consumo individual.
d) hábitos de consumo da população × pegada ecológica.

Comentários:

O produto população × consumo de recursos *per capita* representa o fluxo total de recursos da biosfera consumidos naquela região ou naquele país para produzir os bens e os serviços de que a população necessita para sua vida diária.

Questão 8:

Gabarito: d

a) pelo estágio da tecnologia e das leis de proteção ambiental.
b) pelo nível de consumo e de desperdício da população humana.
c) pela quantidade de energia solar e possibilidade de realização de fotossíntese.
d) **pela disponibilidade de recursos naturais e capacidade de assimilação de poluição.**

Comentários:

Dois fatores constituem a capacidade de suporte ou de carga da Terra – a disponibilidade de recursos, renováveis ou não, para serem transformados em bens e serviços, e a capacidade de a biosfera assimilar resíduos e poluição.

Questão 9:

Gabarito: a

a) **plantar mais árvores do que cortar.**
b) não cortar árvores nas próximas décadas.
c) plantar árvores somente se for obrigatório.
d) plantar a mesma quantidade de árvores cortadas.

Comentários:

Estaremos usando os recursos renováveis de acordo com o conceito do desenvolvimento sustentável quando respeitarmos a velocidade de renovação – auxiliada artificialmente ou não – desses recursos. Dessa forma, ao plantarmos mais árvores do que cortamos, estaremos na direção do desenvolvimento sustentável.

Questão 10:

Gabarito: c

a) à destruição das matas, diminuindo o *habitat* natural.
b) ao aumento do calor, surgindo o aquecimento global.
c) à questão social, reduzindo a pobreza em nível mundial.
d) à matança dos animais, aumentando as espécies em extinção.

Comentários:

Em síntese, os três grandes desafios para atingirmos o desenvolvimento sustentável são:

- garantir a disponibilidade de recursos naturais;
- respeitar os limites da biosfera para absorver os resíduos e a poluição;
- resolver a questão social, reduzindo a pobreza em nível mundial.

Módulo II – Responsabilidade socioambiental

Questão 1:

Gabarito: d

a) filantropia.
b) reatividade.
c) misantropia.
d) proatividade.

Comentários:

Responsabilidade social corporativa implica uma mudança de atitude das empresas. Antes as empresas eram predominantemente reativas – só atendiam aos padrões ambientais quando obrigadas. Hoje as companhias são predominantemente proativas, indo além do que lhes é exigido pela legislação.

Questão 2:

Gabarito: d

a) aumentou, somente em 1998, pois, naquela época, era modismo atuar em prol das causas sociais.
b) permaneceu inalterada, pois não houve motivação que fizesse com que as empresas mudassem suas atitudes.
c) vem decrescendo, nos últimos anos, em virtude das dificuldades econômicas que as empresas estão enfrentando com as altas taxas de juros.
d) vem crescendo tanto no número de empresas envolvidas quanto nos investimentos em projetos sociais, pois as empresas perceberam o valor dos investimentos.

Comentários:

Um estudo do Instituto de Pesquisa Econômica Aplicada (Ipea), coordenado pela socióloga Anna Peliano e divulgado em 2002, mostra que as empresas brasileiras têm investido em responsabilidade social corporativa.

Questão 3:

Gabarito: c

a) o desgaste operacional e o aumento de conflitos internos e externos.
b) a melhoria da imagem institucional e a diminuição de conflitos internos e externos.
c) **a manutenção da imagem da empresa e o aumento de conflitos internos e externos.**
d) o desgaste da imagem da empresa e a diminuição de conflitos internos e externos.

Comentários:

Segundo Anna Peliano, cada vez mais, as empresas percebem que responsabilidade social é bom para os negócios. É bom para a imagem da empresa junto à sociedade e junto à vizinhança. E melhora o relacionamento com os empregados e fornecedores.

Questão 4:

Gabarito: c

a) melhorar a governabilidade do mundo.
b) viabilizar o desenvolvimento sustentável.

c) **dar uma face mais humana à globalização.**
d) atender melhor às emergências ambientais.

Comentários:

Segundo Kofi Annan, o Pacto Global objetiva dar uma face humana à globalização, envolvendo vários atores sociais e promovendo avanços no movimento de responsabilidade social, com o apoio do setor empresarial.

Questão 5:

Gabarito: a

a) **uma sociedade com má distribuição de renda é imprópria para os negócios.**
b) o esforço das empresas e da Confederação Nacional das Indústrias (CNI) começa a dar resultados.
c) o rigor observado na legislação brasileira tem obrigado as empresas a aumentarem suas ações sociais.
d) as empresas têm-se preocupado com a melhoria da imagem institucional a partir da realização de ações filantrópicas.

Comentários:

Segundo Oded Grajew, presidente do Instituto Ethos, tem aumentado, entre as empresas, a compreensão de que uma sociedade empobrecida, com renda mal distribuída, não é uma área propícia aos negócios.

Questão 6:

Gabarito: c

a) governança social.
b) ações sociopolíticas.
c) **cidadania corporativa.**
d) cooperação empresarial.

Comentários:

A cidadania corporativa diz respeito ao relacionamento entre empresas e sociedade – tanto a comunidade local quanto a mundial. Com ela, a empresa é parceira e corresponsável por ações para reduzir os problemas sociais e contribuir para o desenvolvimento sustentável.

Questão 7:

Gabarito: d

a) somente em parceria com entidades sem fins lucrativos.
b) sem parceria com os órgãos governamentais, com seus próprios recursos.
c) em parceria somente com órgãos governamentais e entidades com fins lucrativos.
d) **em parceria com outras empresas, com os órgãos governamentais e com as ONGs.**

Comentários:

Na medida em que uma empresa atua em parceria com outras, com órgãos governamentais ou com ONGs, ela consegue somar recursos, reduzir custos, e dividir atribuições e riscos.

Questão 8:

Gabarito: a

a) pelas ONGs.
b) pela comunidade.
c) pelas multinacionais.
d) pelas fundações públicas.

Comentários:

O terceiro setor é representado pelas ONGs. Entre as organizações não governamentais, encontramos organizações comunitárias – associações de moradores, entidades beneficentes – e braços sociais de empresas, como a Fundação Vale do Rio Doce.

Questão 9:

Gabarito: b

a) quarto setor.
b) terceiro setor.
c) primeiro setor.
d) segundo setor.

Comentários:

O crescimento das ONGs, nas últimas décadas, é um fenômeno de dimensões globais. Entre 1996 e 2002, o número de pessoas que atuam no terceiro setor passou de 1 milhão para 1,5 milhão. Esse fato evidencia o crescimento de 50% no número de pessoas trabalhando no terceiro setor.

Questão 10:

Gabarito: b

a) estejam em vias de desenvolvimento.
b) apresentem alto índice de desemprego.
c) registrem baixo índice de informalidade.
d) tenham uma economia de base industrial.

Comentários:

Quanto maior for o índice de desemprego no país, mais se fortalecem as ações de responsabilidade social. Embora seja importante, a geração de emprego e renda não tem a mesma prioridade para todas as nações. Em países com baixo índice de desemprego, por exemplo, outras ações sociais podem ser prioritárias.

Módulo III – Gestão da responsabilidade socioambiental

Questão 1:

Gabarito: d

a) mostra-se conservadora com suas ações preestabelecidas.
b) expressa atitudes ativistas e liberais com ações planejadas.
c) expressa incertezas e desconfianças com suas ações não planejadas.
d) mostra-se coerente com suas atitudes e ações de modo limpo e aberto.

Comentários:

A responsabilidade socioambiental das empresas, ou responsabilidade social empresarial (RSE), caracteriza-se pelo uso da ética e da transparência na relação da empresa com todos os seus públicos – acionistas, empregados, clientes, fornecedores, comunidade vizinha.

Questão 2:

Gabarito: d

a) o acesso mais difícil a novos mercados.
b) a desvalorização da imagem institucional.
c) a redução da capacidade de atrair e manter talentos.
d) a melhoria da produtividade com trabalhadores mais motivados.

Comentários:

Alguns benefícios da RSE são mensuráveis, como a melhoria da produtividade com trabalhadores mais motivados e o acesso mais fácil a novos mercados. Outros são de difícil mensuração, como a valorização da imagem institucional e a maior capacidade de atrair e manter talentos.

Questão 3:

Gabarito: b

a) o valor econômico da empresa e sua relação com as ONGs.
b) a cadeia de valor da empresa e sua relação com o ambiente externo.
c) o valor econômico da empresa e sua relação com as multinacionais.
d) a cadeia de valor da empresa e sua relação com a redução da pobreza.

Comentários:

A gestão da responsabilidade social pressupõe uma coerência de atuação que englobe tanto a cadeia de valor da empresa quanto sua relação com o ambiente externo. Essa coerência implica considerar a responsabilidade social como fator estratégico que pode, até mesmo, condicionar a tomada de decisão nos diversos âmbitos da empresa.

Questão 4:

Gabarito: c

a) inferior à velocidade da regeneração natural.
b) na mesma velocidade da regeneração natural.
c) superior à velocidade de regeneração natural.
d) na velocidade quase nula em relação à regeneração natural.

Comentários:

O Programa das Nações Unidas para o Meio Ambiente mostrou que as atividades humanas já ultrapassavam a capacidade natural de autodepuração da biosfera. Os resíduos provocavam degradação ambiental em velocidade superior à de regeneração natural – desmatamento, perda de diversidade biológica e desertificação.

Questão 5:

Gabarito: a

a) **empresa cidadã.**
b) empresa naturalista.
c) companhia do futuro.
d) companhia contemporânea.

Comentários:

A definição do modelo de gestão da responsabilidade social empresarial requer uma análise da missão e da visão da empresa, bem como de suas prioridades institucionais. Na fase de reflexão sobre a cultura da organização, a empresa questiona seu desejo de tornar-se uma empresa-cidadã.

Questão 6:

Gabarito: c

a) sociais.
b) ambientais.
c) **qualitativos.**
d) quantitativos.

Comentários:

A gestão e a avaliação de projetos sociais são, geralmente, mais difíceis, pois os aspectos qualitativos tendem a prevalecer sobre os aspectos quantitativos.

Questão 7:

Gabarito: a

a) **privado**
b) dedutível.
c) responsável.
d) assistencialista.

Comentários:

O investimento social privado é o repasse voluntário de recursos privados (doação) de forma planejada, monitorada e sistemática para projetos sociais de interesse público. Esse investimento resulta no crescimento do terceiro setor como parceiros ou gestores de projetos de investimento social privado no país.

Questão 8:

Gabarito: d

a) melhoria das áreas rurais e urbanas.
b) aumento da industrialização das empresas.
c) diminuição da emissão de gás carbono na atmosfera.
d) **melhoria da qualidade de vida e promoção da cidadania.**

Comentários:

Na medida do possível, as metas dos projetos são a melhoria da qualidade de vida e a promoção da cidadania. Os objetivos devem ser definidos de forma a possibilitar a verificação de seus resultados.

Questão 9:

Gabarito: c

a) a maior conscientização de seu papel filantrópico.
b) a menor necessidade de mostrar benevolência social.
c) a maior consciência dos riscos a que estavam sujeitos.
d) a menor proposição de tratamento isolado dos problemas.

Comentários:

Entre os motivos que levaram os bancos a adotarem os Princípios do Equador estão a maior consciência dos riscos a que estavam sujeitos e a conclusão de que as questões ambientais e sociais não podiam mais ser tratadas como um problema dos outros.

Questão 10:

Gabarito: d

a) a sua performance financeira.
b) ao respeito aos direitos do idoso.
c) à valorização de suas ações na bolsa.
d) a sua performance financeira, ambiental e social.

Comentários:

Para participar do DJSI, a empresa é analisada em relação a sua performance financeira, ambiental e social, às práticas comerciais, ao respeito aos direitos humanos – trabalho infantil e discriminação –, aos acidentes ambientais e ao tratamento dos empregados.

Módulo IV – Normas nacionais e internacionais

Questão 1:

Gabarito: c

a) SA 8000.
b) ISO 26000.
c) **NBR 16001.**
d) NBR 14001.

Comentários:

A ABNT desenvolveu uma norma brasileira que cobre todos os aspectos da responsabilidade social – a ABNT NBR 16001, publicada em dezembro de 2004.

Questão 2:

Gabarito: d

a) publicar normas que estabeleçam práticas nacionalmente aceitas.
b) atender todos os órgãos voltados para a causa do meio ambiente.
c) estabelecer normas para a atuação internacional do meio ambiente.
d) **publicar documentos que estabeleçam práticas internacionalmente aceitas.**

Comentários:

A ISO tem como objetivo publicar documentos que estabeleçam práticas internacionalmente aceitas. Esses documentos são, geralmente, normas internacionais que elaboram regras a serem seguidas.

Questão 3:

Gabarito: c

a) Rotulagem Ambiental.
b) Auditorias Ambientais.
c) Sistemas de Gestão Ambiental.
d) Avaliação de Performance Ambiental.

Comentários:

O TC 207 atualmente tem sete subcomitês (SCs), tratando das seguintes questões:

- SC1 – Sistemas de Gestão Ambiental;
- SC2 – Auditorias Ambientais;
- SC3 – Rotulagem Ambiental;
- SC4 – Avaliação de Performance Ambiental;
- SC5 – Avaliação de Ciclo de Vida;
- SC6 – Termos e Definições;
- SC7 – Mudanças Climáticas.

Questão 4:

Gabarito: c

a) oito comitês.
b) seis comitês.
c) nove comitês.
d) cinco comitês.

Responsabilidade socioambiental

Comentários:

O CB-38 solidifica-se em nove subcomitês e sua atuação, de fato, tem por objetivo acompanhar e intervir no desenvolvimento da norma. Uma vez aprovados pela ISO, esses comitês tratam de sua tradução para o português.

Questão 5:

Gabarito: a

a) **alta direção da empresa em função de sua política ambiental.**
b) baixa direção da empresa em função de sua política ambiental.
c) média direção da empresa em função de sua política ambiental.
d) falta de direção da empresa em função de sua política ambiental.

Comentários:

Um sistema de gestão ambiental (SGA) é definido pela alta direção da empresa em função de sua política ambiental, que deve ser conhecida por todos os funcionários. O sistema inclui também definição de responsabilidades, práticas, procedimentos, processos e recursos para o desenvolvimento, implantação, revisão e manutenção da política ambiental.

Questão 6:

Gabarito: b

a) sistemas de gestão.
b) **rotulagem ambiental.**
c) auditorias ambientais.
d) desempenho ambiental.

Comentários:

O SC3 trata da rotulagem ambiental. Por meio da rotulagem ambiental, certifica-se que um produto é adequado ao uso a que se propõe e que causa menos impacto ao meio ambiente do que os produtos similares.

Questão 7:

Gabarito: c

a) trabalho infantil.
b) jornada de trabalho.
c) **segurança do trabalhador.**
d) direito à negociação coletiva.

Comentários:

A Norma OHSAS 18001 é uma especificação da Série de Avaliação da Segurança e Saúde Ocupacional. A certificação pela OHSAS 18001 garante o compromisso da empresa com a redução dos riscos ambientais e com a melhoria contínua de seu desempenho em relação à saúde ocupacional e à segurança de seus funcionários.

Questão 8:

Gabarito: c

a) a promoção dos funcionários ativos.
b) a publicação de relatórios econômicos.
c) **a promoção do desenvolvimento sustentável.**
d) o lucro da empresa na área do meio ambiente.

Responsabilidade socioambiental

Comentários:

Os objetivos da NBR 16001:2004 levam em conta os requisitos legais, seus compromissos éticos, sua preocupação com a promoção da cidadania, a transparência de suas atividades e a promoção do desenvolvimento sustentável.

Questão 9:

Gabarito: c

a) no meio da execução do projeto.
b) antes do planejamento do projeto.
c) **ao longo da realização do projeto.**
d) no início do planejamento do projeto.

Comentários:

A avaliação de um projeto é um exercício permanente, acima de tudo, comprometido com as repercussões de um projeto ao longo de sua realização. Dessa forma, a avaliação pode ocorrer durante sua execução e ao término do projeto. Além disso, a avaliação é integrada às demais atividades de gestão da entidade.

Questão 10:

Gabarito: a

a) **ao Balanço Social.**
b) à Avaliação de Projetos Sociais.
c) ao Global Reporting Initiative (GRI).
d) aos Relatórios sobre Responsabilidade.

Comentários:

O Balanço Social é uma ferramenta de gestão, na medida em que permite a mensuração do desempenho de sua gestão, do ponto de vista da responsabilidade social, bem como uma oportunidade de diálogo e de estreitamento de relações da empresa com a sociedade.

Bibliografia comentada

GRAYSON, D.; HODGES, A. *Compromisso social e gestão empresarial*: o que é necessário saber para transformar questões de responsabilidade social em oportunidades de negócios. São Paulo: PubliFolha, 2002.

> Escrita por dois renomados especialistas da área de responsabilidade social corporativa, essa obra é dividida em três partes: forças globais de mudança, temas emergentes de gestão e sete passos para minimizar os riscos e maximizar as oportunidades. Foi publicada originalmente em 2001, na Grã-Bretanha, pela Dorling Kindersley Limited, com o título *Everybody's business*. A tradução em português, aqui indicada, teve o prefácio assinado por Oded Grajew, então diretor-presidente licenciado do Instituto Ethos. O livro relata casos reais nas áreas de saúde, direitos humanos, diversidade cultural, ecologia e meio ambiente, em que as empresas que atenderam às novas exigências dos consumidores (e até mesmo de seus acionistas) conseguiram ganhos de competitividade, satisfação de seus profissionais e apoio da população.

MCINTOSH, M. et al. *Cidadania corporativa*: estratégias bem-sucedidas para empresas responsáveis. Rio de Janeiro: Qualitymark, 2001.

> Nessa obra, os autores apresentam o conceito de cidadania corporativa em suas dimensões tanto políticas quanto éticas, demonstrando como evitar riscos e reforçar o relacionamento entre as empresas e as comunidades em que estão inseridas. Discute formas de estabelecer padrões e normas para seus produtos e para os de seus fornecedores, com exemplos que incluem a Norma SA 8000. A ideia de que o papel social das empresas se limita ao cumprimento das obrigações legais está ultrapassada. Como um grande número de consumidores, antes de comprar o produto, já procura se certificar de que os fabricantes adotam o conceito de responsa-

bilidade social e ambiental, as empresas precisam, além de cumprir a legislação, apoiar o desenvolvimento da comunidade local, preservando o meio ambiente.

MEADOWS, D. H.; MEADOWS, D. L.; RANDERS, J. *Beyond the limits*. Vermont: Chelsea Green Publishing Co., 1992.

Nessa obra, Dennis e Donella Meadows, que haviam participado da elaboração do primeiro relatório do Clube de Roma, *Os limites do crescimento* (publicado em 1971), juntamente com Jorgen Randers, refizeram o modelo matemático utilizado naquela época, usando computadores mais modernos, com maior capacidade de programação e processamento, além de dados mundiais mais precisos, mais confiáveis e em maior quantidade. O resultado a que chegou a obra *Beyond the limits* (*Além dos limites*) confirmou que a disponibilidade de recursos naturais é um desafio sério, o qual, se não for enfrentado antes da metade do século XXI, poderá provocar uma incontrolável mortandade da população, como previsto em seu estudo inicial. Confirmaram ainda que a quantidade de resíduos e poluição lançados sobre a biosfera é maior do que ela consegue absorver, como havia anunciado o Programa das Nações Unidas para o Meio Ambiente durante a Reunião Especial de seu Conselho de Administração, em 1982.

MEADOWS, D. H.; MEADOWS, D. L.; RANDERS, J. *Limites do crescimento*: a atualização de 30 anos. Rio de Janeiro: Qualitymark, 2008.

Terceira edição de uma série, cujo texto original foi lançado em 1971, *Os limites do crescimento*, também conhecido como primeiro relatório do Clube de Roma, discutido durante a Conferência das Nações Unidas sobre o Meio Ambiente Humano, realizada em Estocolmo, em junho de 1972. Em 1992, foi publicada uma segunda edição, *Beyond the limits*, que refez o modelo matemático utilizado 20 anos antes, e conclui que, além da possibilidade de escassez de recursos naturais a partir da metade do século XXI, estávamos jogando sobre a biosfera mais resíduos e poluição do que ela conseguia absorver. No desenvolvimento dessa terceira edição, os autores abordaram questões como: As atuais políticas nos levam a um futuro sustentável ou ao colapso? O que pode ser feito para se criar uma economia humana com capacidade de prover suficientemente para todos?

SCHMIDHEINY, S.; HOLIDAY JR., C.; WATTS, P. *Cumprindo o prometido*: casos de sucesso de desenvolvimento sustentável. Rio de Janeiro: Campus, 2002.

Esse livro foi publicado originalmente sob o título *Walking the talk* por Berrett-Koehler Publishers, em 2002, e foi apresentado pelo Conselho Empresarial Mundial para o Desenvolvimento Sustentável durante a Cúpula Mundial para o Desenvolvimento Sustentável, realizada em Johannesburgo, no mesmo ano. É dividido em duas partes. A primeira (*Os pilares*) analisa cinco estudos de caso de empresas pelo desenvolvimento sustentável; a outra (*Os dez blocos de construção*) apresenta mais 62 estudos de casos. No total, seis estudos de casos brasileiros estão incluídos. Os empresários do Conselho Empresarial Mundial para o Desenvolvimento Sustentável defendem que não só o desenvolvimento sustentável é bom para os negócios e para o crescimento no futuro como também para a solução dos problemas ambientais e sociais. Defendem que a formação de uma parceria global entre governos, empresas e sociedade civil é essencial para que as transformações cada vez mais velozes em direção à globalização maximizem as oportunidades para todos, em especial para os pobres. Todas as empresas, pequenas, médias ou grandes, devem inovar e mudar para atender às demandas sociais e ambientais nos próximos anos.

Autor

Haroldo Mattos de Lemos é MSc em engenharia sanitária pelo Instituto Internacional de Hidráulica e Engenharia Ambiental, da Universidade Tecnológica de Delft, Holanda, e engenheiro mecânico pela Escola Politécnica da PUC-Rio. Além de presidente do Instituto Brasil Pnuma, no Rio de Janeiro, é professor de engenharia ambiental na Escola de Engenharia da UFRJ, desde 1978, onde também coordena o curso de pós-graduação em gestão ambiental. É presidente do Conselho Técnico da ABNT, vice-presidente do Comitê Técnico 207 da ISO e presidente do Conselho Empresarial de Meio Ambiente e Desenvolvimento Sustentável da Associação Comercial do Rio de Janeiro (ACRJ). Foi o primeiro presidente da Fundação Estadual de Engenharia do Meio Ambiente (Feema), de 1975 a 1979; diretor-geral do Instituto Nacional de Tecnologia (INT), de 1980 a 1982; vice-diretor do Programa das Nações Unidas para o Meio Ambiente (Pnuma), de 1982 a 1987; secretário de Desenvolvimento Urbano e Regional do Estado do Rio de Janeiro, de 1987 a 1991, e secretário do Ministério do Meio Ambiente, de 1994 a 1999.

FGV Online

Missão

Desenvolver e gerenciar tecnologias, metodologias e soluções específicas de educação a distância, sob a responsabilidade acadêmica das escolas e dos institutos da FGV, no âmbito nacional e internacional, liderando e inovando em serviços educacionais de qualidade.

Visão

Ser referência internacional na distribuição de produtos e serviços educacionais inovadores e de alta qualidade na educação a distância.

Cursos oferecidos

O FGV Online oferece uma grande variedade de tipos de cursos, desde atualizações até especializações e MBA:

- cursos de atualização;
- cursos de aperfeiçoamento;
- graduação;
- MBAs e cursos de especialização;
- soluções corporativas;
- cursos gratuitos (OCWC).

Cursos de atualização

Os cursos de atualização de 30 a 60 horas visam atender ao mercado de educação continuada para executivos. Professores-tutores – capacitados em educação a distância e especialistas na área em que atuam –

orientam os participantes. Vídeos, animações e jogos didáticos auxiliam a apreensão dos conteúdos apresentados nos cursos.

Os cursos de atualização são destinados aos interessados em rever e aprimorar suas atividades profissionais, além de interagir com profissionais da área. São cursos práticos que podem ser aplicados em seu dia a dia rapidamente. Para a realização dos cursos, é recomendável já ter cursado uma graduação.

Os cursos de atualização do FGV Online são veiculados, essencialmente, via internet. A utilização de diversos recursos multimídia fomenta a busca de informações, a reflexão sobre elas e a reconstrução do conhecimento, além de otimizar a interação dos alunos entre si e com o professor-tutor, responsável pelo suporte acadêmico à turma.

O curso tem duração aproximada de nove semanas.

Cursos de aperfeiçoamento

Os cursos de aperfeiçoamento de 120 a 188 horas são voltados para a formação e o desenvolvimento de competências gerenciais estratégicas com ênfases em áreas do conhecimento específicas. Para a realização dos cursos de aperfeiçoamento, é recomendável já ter cursado uma graduação.

Graduação

Os Cursos Superiores de Tecnologia a distância são cursos de graduação direcionados a profissionais que pretendam se apropriar de novas ferramentas e técnicas de gestão.

Considerando que, nos mercados competitivos, só sobrevivem as empresas que contam com a criatividade, a flexibilidade e a eficácia de seus colaboradores, os Cursos Superiores de Tecnologia visam atender tanto às organizações que buscam qualificar seus executivos quanto aos que não conseguem dar continuidade a sua formação, seja por falta de tempo para participar de cursos presenciais, seja porque não existem, na cidade em que residem, instituições de ensino superior.

Os Cursos Superiores de Tecnologia são diplomados pela Escola Brasileira de Administração Pública e de Empresas da Fundação Getulio

Vargas (Ebape/FGV). O diploma dos Cursos Superiores de Tecnologia, realizados a distância, contempla as mesmas especificações e tem idêntico valor ao dos diplomas das graduações presenciais.

MBAs e cursos de especialização

Tendo como pré-requisito o diploma de graduação, os MBAs e cursos de especialização a distância destinam-se a executivos que desejam se especializar em suas áreas de atuação, aliando conhecimento e *networking* profissional para acompanhar as frequentes mudanças no competitivo mercado de trabalho.

A metodologia do curso contempla, além do trabalho com diferentes ferramentas de internet, encontros presenciais, realizados em polos espalhados por todas as regiões do Brasil.

As disciplinas do curso são elaboradas por professores da FGV, enquanto os professores-tutores discutem o conteúdo, orientam atividades e avaliam trabalhos dos alunos no ambiente virtual de aprendizagem, via internet.

Os MBAs e cursos de especialização do FGV Online têm, no mínimo, 360 horas, e apresentam opções em diversas áreas de conhecimento:

- MBA Executivo em Administração de Empresas com ênfase em Gestão;
- MBA Executivo em Administração de Empresas com ênfase em Meio Ambiente;
- MBA Executivo em Administração de Empresas com ênfase em Recursos Humanos;
- MBA Executivo em Direito Empresarial;
- MBA Executivo em Direito Público;
- MBA Executivo em Finanças com ênfase em *Banking*;
- MBA Executivo em Finanças com ênfase em Controladoria e Auditoria;
- MBA Executivo em Finanças com ênfase em Gestão de Investimentos;
- MBA Executivo em Gestão e *Business Law*;
- MBA Executivo em Gestão Pública;
- MBA Executivo em Marketing;
- Especialização em Administração Judiciária;
- Especialização em Gestão da Construção Civil;

- Especialização em Gestão de Pequenas e Médias Empresas;
- Especialização em Negócios para Executivos – GVnext.

O MBA Executivo em Administração de Empresas é certificado, pela European Foundation for Management Development (EFMD), com o selo CEL, que avalia e certifica a qualidade dos programas das escolas de negócios.

Além dessas opções, o FGV Online possui dois MBAs internacionais: o MBA Executivo Internacional em Gerenciamento de Projetos (em parceria com a University of California – Irvine) e o Global MBA (em parceria com a Manchester Business School), que são programas destinados a executivos, empreendedores e profissionais liberais que, precisando desenvolver suas habilidades gerenciais, querem uma exposição internacional sem precisar sair do país.

Soluções corporativas

Definidas em parceria com o cliente, as soluções corporativas do FGV Online possibilitam que os colaboradores da empresa – lotados em diferentes unidades ou regiões, no país ou no exterior – tenham acesso a um único programa de treinamento ou de capacitação.

É possível ter, em sua empresa, todo o conhecimento produzido pelas escolas e unidades da FGV, na forma de educação a distância (*e-learning*). São soluções e produtos criados pela equipe de especialistas do FGV Online, com o objetivo de atender à necessidade de aprendizado no ambiente empresarial e nas universidades corporativas.

Os cursos corporativos do FGV Online são acompanhados por profissionais que, responsáveis pelo relacionamento empresa-cliente, elaboram todos os relatórios, de modo a registrar tanto todas as etapas do trabalho quanto o desempenho dos participantes do curso.

Cursos gratuitos (OCWC)

A Fundação Getulio Vargas é a primeira instituição brasileira a ser membro do OpenCourseWare Consortium (OCWC), um consórcio de instituições de ensino de diversos países que oferecem conteúdos e materiais didáticos sem custo, pela internet.

O consórcio é constituído por mais de 300 instituições de ensino de renome internacional, entre elas a Escola de Direito de Harvard, o Instituto de Tecnologia de Massachusetts (MIT), a Universidade da Califórnia (Irvine) e o Tecnológico de Monterrey, entre outras, provenientes de 215 países.

Atualmente, o FGV Online oferece mais de 40 cursos gratuitos – há programas de gestão empresarial, de metodologia de ensino e pesquisa, cursos voltados a professores de ensino médio, um *quiz* sobre as regras ortográficas da língua portuguesa, entre outros –, sendo alguns deles já traduzidos para a língua espanhola. A carga horária dos cursos varia de cinco a 30 horas.

Membro do OCWC desde julho de 2008, o FGV Online venceu, em 2011, a primeira edição do OCW People's Choice Awards – premiação para as melhores iniciativas dentro do consórcio –, na categoria de programas mais inovadores e de vanguarda. Em 2012, o FGV Online venceu, pelo segundo ano consecutivo, dessa vez na categoria de recursos mais envolventes.

Para saber mais sobre todos os cursos do FGV Online e fazer sua inscrição, acesse <www.fgv.br/fgvonline>.

Impressão e acabamento:
Grupo SmartPrinter
Soluções em impressão